日本語と論理

哲学者、その謎に挑む

飯田 隆 Iida Takashi

NHK出版新書
600

まえがき

現代の論理学が生まれてから今年で百四十年である。この間にそれは、数学と哲学と言語学のあり方を大きく変えただけでなく、コンピュータ技術の基礎を与える理論として社会的にも大きな影響を与えてきた。

論理学とは本来、何が正しい推論で、何がまちがった推論であるかを定めるものである。正しい推論もまちがった推論も、さまざまであって、数限りなくあるから、その境界を定めるためには、推論がどのような部分からできていて、それがどのように組み合わされているかを、論理学は明らかにしなければならない。このことを果たすために、現代の論理学は、日本語や英語といった、人がふだん使っている言語よりも単純な構造をもつ、人工的な言語に頼っている。したがって、ふだんの言語で表現された推論が正しいかどうかをみるためには、それを論理学の人工言語に翻訳してやらなくてはならない。

しかし、日本語に関して、これを実際に試みようとするならば、それがスムーズにいく

ものではないことがわかる。ここから、日本語と論理をめぐる、いくつもの謎が出てくる。そもそも日本語に論理学が適用できるというのが、第一の謎である。話題になっているのが特定の人や物なのか、それとも、不特定の人や物なのかを示す定冠詞のような表現がなく、単数と複数の区別もないのが日本語だとしたら、こうした区別が重要である論理学が、日本語に適用できるわけがないと思われるからである。第二の謎は、日本語に限ったことではないが、論理学の言葉では同じになってしまうのに、日本語としては異なる表現法がふんだんにあることである。たとえば、「こども全員が笑った」と「どのこどもも笑った」は、論理学からみれば、区別がつかないようにみえるのに、なぜ、二種類の言い方があるのか。

こうした大きな謎ではなく、小さいけれども具体的な謎もある。「三個食べてよい」というのは、多くとも三個食べてよいという意味なのに、「三個食べなければいけない」というのは、少なくとも三個食べなければならないという意味なのは、なぜか。「大部分のこども」と「こどもの大部分」は意味が同じなのに、「多くのこども」と「こどもの多く」が意味が違うのはなぜか。「だれかが笑った」という報告と「だれが笑ったの」という疑問のどちらにも、「だれ」が現れているのはなぜか。卵を産むペンギンはたぶんペンギン全体の半数以下なのに、「ペンギンは卵を産む」が正しいのはなぜか。

本書は、こうした謎を通じて、日本語において論理がどのようにはたらいているのかを明らかにすることを試みる。それを通じて、論理学と日本語の両方に関して、理解をいくらかでも深めることができれば、うれしい限りである。

現代の論理学が哲学に影響を与え始めた頃、論理学こそが真実の言語の姿を示し、その影にすぎない日常の言葉は、さまざまな哲学的な誤りの源泉であるという主張が優勢であった。やがて、こうした主張は、日常の言葉のはたらき方とその価値とを無視した、ドグマチックなものにすぎないとして批判されるようになった。日常の言葉と論理学の関係をどう考えるかは、「言語哲学」という分野が形成されるきっかけのひとつでもある。

いま振り返るならば、一九七〇年前後は、この分野の歴史において重要な時期であった。論理学と日常の言葉とが対立するものであると考えるのをやめ、両者を調和させることが言語哲学の目標となったのが、この時期だからである。一方では、論理学の標準的な理論によって日常の言葉遣いを分析しようという「デイヴィドソンのプログラム」と呼ばれるプロジェクトが提唱され、他方では、英語のような自然言語を、論理学の言語と同等の明示的構造をもつ言語として分析しようとする「モンタギュー文法」と呼ばれるプロジェクトが開始された。これは、言語学の中の「形式意味論」と呼ばれる分野の発祥でもある。

言語哲学と形式意味論は、一方は哲学、他方は言語学に属するために、研究者の所属や肩書といったことに基づく区別ははっきりあるし、また力点の置き方の微妙なずれといったものもある。しかし、両者が扱う主題と研究方法に関しては、全体としては区別のないものになっている。私は、所属や肩書ということでは、哲学に属してきたために、それに由来する違いはあるかもしれないが、ここでの議論は、言語哲学と形式意味論の両方に属するものと意図されている。

本書は、日本語の簡単な文を表題にもつ五つの章から成っている。「こどもが笑った」、「三人のこどもが笑った」、「大部分のこどもが笑った」、「どのこどもも笑った」、「こどもはよく笑う」という五つの文は、どれも変哲のない文である。それにもかかわらず、そこにいかに多くの謎や不思議が隠されているかに気付いておどろかれるだろう(と願う)。

以下のページで読者が出会うものは、「哲学」という言葉から連想されるようなものとは大幅に違うかもしれない。だが、本来、哲学とは、こうした具体的な話から始まったのだと私は思っている。

日本語と論理——哲学者、その謎に挑む　目次

校閲　猪熊良子
DTP　角谷　剛

第1章「こどもが笑った」

日本語は非論理的か

日本語は論理的でないといったことが、これまでよく言われてきたという印象がある。だが、誰がどこでそう言ったのかと聞かれると、答えに困る。よく引き合いに出されるのは、日本の敗戦後まもなく志賀直哉《しがなおや》が、日本語は非論理的な言語だから、日本語はやめてフランス語を国語にすべきだと言ったという話である。だが、これを実際読んでみると、日本語は「不完全で不便だ」とは書いてあるが、「非論理的である」とは書いていない。

他方で、日本語は論理的であるという主張は、そうしたタイトルをもつ本も何冊かあることからわかるように、実際にも見かける主張である。そうした主張が繰り返し現れるということは、逆に、日本語は論理的でないといった考えが、漠然とではあれ、世の中に流通していることの表れだろう。

だが、そもそも、日本語や英語のようなひとつの言語が「論理的だ」とか「非論理的だ」というのがどういうことなのかがはっきりしていない限り、あれこれ言っても不毛だろう。ここはひとつ、できるだけ具体的な例から考えてみよう。

言語が「非論理的である」という主張の解釈のひとつとして、論理的に区別されなければならない事柄が、その言語で表現しようとすると、違いを表現できないということが挙げられるかもしれない。そうすると、「論理的な」言語であるための条件のひとつは、論理

的に区別される事柄は、異なる仕方で表現できるということになろう。

こうした解釈のもとで、日本語が「非論理的である」と言われそうな例として、次の文を考えてみよう。

（1）こどもが笑った。

この文に対応する英語の文は、次のように、少なくとも四通りある。

（2）A child laughed.
（3）Children laughed.
（4）The child laughed.
（5）The children laughed.

（1）のような日本語の文に対応する英語の文が、このように四通りにもなるのは、名詞に単数形と複数形の区別がなく、冠詞もないという日本語の特徴による。単数と複数を区別しないことが「非論理的」であるかという点は、あとで考えることにして、まずは、冠

詞のあるなしが、言語を論理的にしたり、非論理的にしたりするかという点から考えることにしよう。

特定のこどもを指す「こども」と不特定のこどもを指す「こども」

英語の冠詞の使い方というのは、本気になって考えようとするとむずかしいのだが、ここでは、できるだけ単純化して考えたい。単数形の「child」に定冠詞「the」が付いている場合と、不定冠詞「a」が付いている場合との違いは、特定のひとりのこどもに関して話しているのか、それとも、特定のこどもではなく、こどもである誰かに関して話しているのかの違いだと、ここでは考える。これは、言語学で、「確定／不確定 definite/indefinite」の区別と言われるものである。

（2）は、たとえば、きのう私が歩いていたら、だれかひとりのこどもが笑うのを聞いたということを報告するのに使える。他方、私と私の話し相手のあいだで、ある特定のこどもが話題になっていて、そのこどもが笑ったことを報告する場合には、定冠詞を用いた（4）を使うだろう。

日本語の文（1）は、このどちらの場合でも使うことができる。そして、どちらの場合であるのかについて、通常迷うことはない。というのは、いましているように（1）とい

う文だけが提示されていることはなく、この文が使われるときには必ず、それが使われる文脈というものがあるからである。次は、別々の会話のなかで言われたことだとしよう。

(6) きのう行ったことのない街を歩いていたら、こどもが笑ったんだよ。

(7) きのう田中さんが来たら、こどもが笑ったんだよ。

(6)の「こども」は不特定のこども、それに対して(7)の「こども」は特定のこどもを指すように思えないだろうか。もちろん、これは、ありそうな解釈というだけであって、(6)や(7)が言われた文脈がさらに詳しくわかれば、それが違っていることがわかるかもしれない。あるいは、(1)を使った人に、不特定のこどもを指して言ったのか、それとも、特定のこどものことなのかと聞く手もある。

しかし、ここは、もっとよい方法がある。それは、(1)のような文が、特定の文脈で言われたとき、(1)を次のように言い換えた文が、その同じ文脈でどのような意味になるかをみてみることである。

(8) 笑ったこどもがいる。

ただし、（8）という文は、それ単独では、二つの意味をもちうる。これは、「いる」とか「ある」といった動詞が、二つの——本当は、三つの——意味をもつからである。まずは、このことを説明しなければならない。

「いる／ある」の三つの意味

「いる」が現れる次の三つの文を見てほしい。

（9）こどもが公園にいる。
（10）来ていないこどもがたくさんいる。
（11）田中さんにはこどもがいる。

ここに現れる「いる」はそれぞれ別の意味をもっている。「いる」は、（9）では所在、（10）では存在、（11）では所有を表すと言われる。（11）のような例文をみると、「所有」という言い方には抵抗があるかもしれないが、（11）と同じことを英語で言うときには、次のように「have」を用いることから来ているのだろう。

Mr. Tanaka has children/a child.

「ある」についても、まったく同様であることは、次の例からわかる。

(12) 教科書は学校にある。

(13) まだ終わっていない宿題がある。

(14) 田中さんには勇気がある。

「ある」は、(12)では所在、(13)では存在、(14)では所有を意味する。「ある」と「いる」の使い分けについては、いろいろな人が論じているのだが、ここでそれを論じる必要はない。いま問題にしている、所在・存在・所有という意味の区別は、「いる」でも「ある」でも同じだということさえ確認しておけばよい。

むしろここで強調しておきたいのは、所在と存在とは違うということである。たとえば、(10)は、来ていないこどもがどこかにたくさんいると言っているのではないし、同様に、(13)も、まだ終わっていない宿題がどこかにあると言っているのではない。所在と存在と

が明確に区別されなければならないことは、次の二つの文がもっともよく示している。

(15) いないこどもがいる。

(16) ないものがある。

「いない」は「いる」の否定であるから、(15)は何か矛盾したことを言っているようにみえるかもしれないが、これは十分に意味のある仕方で使うことができる。それは、この文の先頭に「ここに」を補って

(15′) ここにいないこどもがいる。

としてみればわかる。つまり、「いない」は所在を表す「いる」の否定であり、「いる」は存在を表す「いる」であるから、(15)は矛盾にはならない。(16)はさらに劇的な例だが、これが矛盾にならない読み方があることは、日本語の話し手ならばわかるだろう。

「いる／ある」が所在の意味なのか、それとも存在の意味なのかは、前者について「どこに」と聞くことは意味があるのに、後者についてそう聞くことは、(10)や(13)で見たよ

うに、意味のないことから知ることができる。

確定的用法と不確定的用法を見分ける方法

これだけの準備のあとで、次の二つの文

（1）こどもが笑った。
（8）笑ったこどもがいる。

のあいだの関係にもどろう。

（8）の「いる」は、所在の「いる」でも、存在の「いる」でもありうる。「いる」が所在の「いる」のとき、「笑ったこども」は、特定のこどもを指している場合も、そうでない場合もある。それに対して、（8）の「いる」が存在の「いる」のときには、「笑ったこども」が特定のこどもを指していることはありえない。この表現で特定のこどもを指すときには、そのこどもの存在は当然のことなので、それが存在すると言い立てることはおかしいからである。このとき、（8）は、単に、こどものだれかが笑うといったことがあったことを報告するだけの文である。

だれかある特定のこどもを指すために「こども」が用いられているとき、それは「確定的に用いられている」と言い、それとは反対に、特定のこどもを指すことなく使われているときには「不確定的に用いられている」と言うことにしよう。

（1）の「こども」が不確定的に用いられている場合、（1）は、（8）と言い換えることができる。だれかこどもが笑ったのならば、当然、だれか笑ったこどもがいるし、逆に、だれか笑ったこどもがいるのならば、こどもが笑ったということがあったはずである。

それに対して、（1）で「こども」が確定的に用いられている場合、（1）は、（8）と言い換えることはできない。（8）の「いる」は、存在と所在の両方の解釈がある。「いる」が存在の「いる」の場合、（8）は明らかに言い換えにはならない。ついいましがた述べたように、（8）の「いる」が存在の意味のとき、「笑ったこども」が特定のこどもであることはありえないからである。「いる」が所在の「いる」の場合は、どうだろうか。（8）の「笑ったこども」が、（1）の「こども」で指されていた特定のこどもと同じこどもを指しているとしても、（8）が言うのは、そのこどもが、ある場所にいるということであって、これは（1）で言われたこととは別のことである。

つまり、（1）のような文に現れている「こども」は、その文だけを見ている限りは、確定的に用いられているのか、それとも不確定的に用いられているのかは、わからない。し

かし、それを（8）のように言い換えて同じ意味になるような解釈があるかをみれば、どちらかを判定できる。

この方法は、もう少し複雑な文についても使うことができる。次の文をみてほしい。

（17）先生が生徒を叱った。

この文には、「先生」と「生徒」と二つの名詞が現れている。この二つの名詞は、確定的でも不確定的でもありうるから、この文は四通りに解釈できる。特定の先生が、特定の生徒を叱ったのかもしれないし、特定の先生が、不特定の生徒を叱ったのかもしれないし……といった具合である。どの場合であるかを知るには、次の二つの文

（18）生徒を叱った先生がいる。
（19）先生が叱った生徒がいる。

への言い換えが利くかをみればよい。たとえば、（18）に言い換えて同じ意味になる解釈があるが、（19）についてはは同じことが言えないならば、「先生」は不確定的だが、「生徒」は

確定的に用いられていることがわかる。

日本語には、英語の定冠詞や不定冠詞のようなものはないが、文の中で名詞句が確定・不確定のどちらで使われているかを知るための手がかりは、いろいろある。ここで紹介したような、言い換えの可能性をみる方法は、そのひとつである。他にも「は」と「が」の使い分けや、同じ名詞句が直前に出ているかどうかといったことも、手がかりになる。こうした手がかりがすべて言語的なものであることに注意してほしい。名詞句が確定的に現れているのか、それとも不確定的に現れているのかが、日本語では、言語表現において違いをもたらさないという非難はあたらない。そのように考えるのは、（1）のような文を、その言語的文脈なしに単独でみるからである。「確定／不確定」という区別は、日本語では、さまざまな種類の言語的手段によって実現されているのである。

人が特定のものについて言っているのか、それとも、不特定のものについて言っているかを知ることは、円滑なコミュニケーションのためには、大事なことである。われわれが支障なく日本語でコミュニケーションできていることは、確定・不確定の判別のための言語的な手がかりを問題なく使いこなしていることを示している。つまり、冠詞のないことは、確定・不確定の区別がないことを意味しない。それゆえ、冠詞がないから日本語は非論理的だと言う人がいたら、考え直してもらうように言いたい。

日本語の名詞に「可算／不可算」の区別はあるか

日本語の名詞には「単数／複数」の区別がないから、日本語は非論理的だという非難の方に移ろう。ただし、「単数／複数」の区別という問題には、それに先立つ問題があるので、それから考える必要がある。それは、日本語には「可算／不可算」の区別があるかという問題である。

英語のように、「単数／複数」の区別がある言語でも、すべての名詞に、単数と複数の区別があるわけではない。英語の「こども」を指す名詞「child」には単数形と複数形があるが、「水」を指す名詞「water」には、そうした区別はない。

英語の時間で習ったように、英語の名詞には、「one, two, three...」と数えられるものを指す可算名詞と、そうではない不可算名詞とがある。後者は、「質量名詞 mass noun」とも呼ばれる。「child」は前者の例であり、「water」は後者の例である。

英語で、可算名詞と不可算名詞（質量名詞）とは、次の三つの点で区別される。

（a）可算名詞は、不定冠詞「a」を取ることができ、単数形と複数形の区別があるのに対して、不可算名詞は、不定冠詞を取らず、単数形と複数形の区別もない。

(b)可算名詞と不可算名詞では、数量を表す表現(量化表現)が異なる。「many」や「a few」は、可算名詞にだけ用いられ、「much」や「little」は、不可算名詞だけに用いられる。
(c)可算名詞は、「two children」や「ten boys」のように数詞を直接取ることができるが、不可算名詞は、数詞を直接取ることはできず、「one bottle of water」や「three cans of petroleum」のように、別の名詞を介する必要がある。

英語の名詞における、こうした区別を念頭において、日本語の名詞をみると、それが、英語の不可算名詞が備えている特徴をすべてもっているようにみえる。
(A)日本語の名詞は、不定冠詞を取らず、単数形と複数形の区別もない。
(B)「たくさんのこども」と言うこともできれば、「たくさんの水」と言うこともできるように、同一の量化表現が、数えられるものを指す名詞にも、数えられないものを指す名詞にも使える。
(C)日本語の名詞はほとんど常に、数詞を直接取ることはできず、「三人のこども」や「二杯のビール」のように、「助数辞」と呼ばれる表現を介する必要がある。

ここから、日本語の名詞はすべて不可算名詞（質量名詞）であるという考えが出て来てもおかしくない。こうした考えは、「質量名詞仮説 mass noun hypothesis」という名前で知られている。もしも質量名詞仮説が正しいならば、単数と複数の区別があるのは可算名詞に限られるのだから、日本語に単数と複数の区別がないのは、あたりまえだということになる。

冠詞をもたず、単数形と複数形の区別ももたず、名詞が数詞を直接取ることはなく、日本語の助数辞のような表現を介する必要がある言語の中には、日本語だけでなく、韓国語、中国語、ベトナム語など、多数の言語が含まれる。当然、質量名詞仮説は、こうした言語全般に適用されることになる。

英語やドイツ語やフランス語のような言語が標準だと考えている人にとって、日本語や中国語のような言語は、自分のもつ世界観とはまったく異なる世界の見方への通路とみえる。そうした人は、世界の基本的な構成要素が、可算名詞ではなく、不可算名詞によって名指されるのであれば、世界は、くっきりとした輪郭をもつ個物から成るのではなく、それ自体では境界をもたない物質から言葉の力で切り出されてくる物から成るのだと、想像をたくましくするかもしれない。

しかし、残念ながら、そうした想像の余地はない。このように考える人が見落としているのは、冠詞や単数形と複数形の区別の存在によって区別されるのとはまったく異なる仕方で、可算名詞と不可算名詞が区別される可能性である。

こうした可能性が存在し、しかもそれが現実に、日本語ではたらいていることが示されれば、（A）は、日本語の名詞に「可算／不可算」の区別がないことの証拠にはならない。（B）は、そもそも正しくない。たしかに「たくさん」は、「こども」についても「水」についても言えるが、日本語の量化表現のなかには、「だれ」、「どれ」、「どの」のような、不定詞と呼ばれる表現を用いるものがある。第4章で詳しく扱うが、こうした量化表現は可算名詞（あるいは、可算名詞化された名詞）にしか適用されない。第2章と第3章で扱う数量名詞のなかにも、「多数」や「少数」は可算名詞に、「大量」や「少量」は不可算名詞に適用されるという違いがある。

皮肉なのは、多くの学者が、日本語のような言語に「可算／不可算」の区別がないことの証拠として挙げる（C）という事実のなかに、この区別があることを示す第一の手がかりがあることである。三人のこどもと三杯の水とは、どちらも共通に

数詞＋助数辞＋「の」＋名詞

という形をしているが、そこに現れている「人」と「杯」という助数辞は、異なる種類の助数辞であり、まさにここに可算名詞と不可算名詞を区別する手がかりがある。

助数辞には三種類ある

「三人のこども」、「三杯の水」、「三リットルの石油」などは、すべて同じ形をしているが、そこでたがいに対応する箇所に現れている助数辞「人《にん》」、「杯」、「リットル」は、それぞれ、分類辞、単位形成辞、計量辞という、三つの異なる種類に属する。

分類辞には他に、「頭《とう》」、「冊」、「枚」などがある。また、複数のひとやものに使われる「組《くみ》」と「足《そく》」も分類辞である。単位形成辞は、さらに二種類に分かれる。ひとつは「瓶」、「缶」、「箱」、「袋」といった容器を表すものであり、もうひとつは「切れ」、「滴《てき》」、「粒《つぶ》」といった、より大きなものの部分を指すものである。最後に、計量辞は、「キロ」（長さでも重さでも）、「メートル」、「円」、「バイト」といった計量の単位を表す表現である。

このなかで、いちばん見分けるのが簡単なのは、計量辞だろう。この種類の表現は、新しい計量単位が現れるごとに新たに付け加わるという意味で、開かれたクラスを形成する。「バイト」はそうした例であり、これが日本語で普通に使われるようになったのは、一九八

○年代のことだろう。

単位形成辞、とくに容器を表すタイプのものも、開かれたクラスを作る。この種類の助数辞は、何らかの種類の容器を表す普通名詞から来ている。よって、新しい種類の容器が社会に普及すると、それを指す名詞が、このタイプの助数辞として使われるようになる。次の文に現れている「パック」が、いい例である。

(20) 豚肉を二パック買った。

「切れ」や「滴」といったタイプの単位形成辞の場合は、新しい表現が出てくることは、容器タイプのものよりはまれだが、それでも、ないわけではない。「ケース」が容器タイプの新しい助数辞であるのに対して、「ピース」は、もうひとつのタイプの単位形成辞である。

単位形成辞と計量辞とは対照的に、分類辞は、閉じたクラスであって、新しい分類辞が現れることは、まずない。分類辞は、それだけで使われることはなく、常に、数詞もしくは「数人」のような表現とともに使われる。「匹《ひき》」や「人《にん》」が、これ以外のコンテキストで現れる場合は想像できない。単位形成辞がもともとそれ単独で意味をもっていた名詞から

派生しているゆえに、その意味をもとの名詞から推測できるのとはちがって、分類辞は、その使い方をひとつひとつ覚えなければならない。

最近、汎用の分類辞「つ」と「個」が以前よりも広い範囲のものに使われる傾向があるという。これは、後でも触れるが、あらゆる種類のものがパッケージ化されて流通するようになったことと無関係ではないだろう。こうした傾向が強まれば、分類辞の数は減ると予測される。しかしながら、分類辞はしばしば、同音意義語を区別したり、使われている名詞が何であるかを確かめるのに役立ったりするなど、日本語にとって重要な役割を果たしている。したがって、「個」や「つ」を残して、他の分類辞がまったくなってしまうというようなことはないと思われる。

「三冊分」「三箱分」「三キロ分」

三種類の助数辞のあいだの違いは、これまでの説明でも十分だろうと考えるが、どの助数辞がどの種類に属するかを見分ける方法があるので、それを紹介しよう。これは、助数辞の直後に「分《ぶん》」という表現を付けてみることである。分類辞「冊」、単位形成辞「箱」、計量辞「キロ」を含む次の三つの文を考えよう。

(21) 本が三冊ある。
(22) 本が三箱ある。
(23) 本が三キロある。

ここに現れる各々の助数辞の後に「分」を付けた文は、次のようになる。

(21′) 本が三冊分ある。
(22′) 本が三箱分ある。
(23′) 本が三キロ分ある。

この三つの文をみて、まず気が付くのは、(21) はまったく問題なく了解できる文であるのに対して、「分」が加わった (21′) は、そのままでは何を意味しているのかがわからないことである。「分」を使った言い方のなかには、

(24) 広さはおとな三人分ある。

のように、「数詞＋助数辞＋『分』」の前に名詞が来るものがある。そのままでは意味がとれない

(25) こどもが三人分いる。

でも、「三人」の前に、たとえば、「保育士さん」を補って、

(26) こどもが保育士さん三人分いる。

とすれば、「保育士三人で面倒をみられるだけの人数のこどもがいる」といった具合に解釈できる。しかし、これにならって、(21′)を解釈することはむずかしい。(22′)に関しては、その意味がとれないなどということは、まったくないだろう。そこで、考えてみたいのは、(22)と(22′)とのあいだの関係である。

(22)が正しければ、(22′)も正しいということは、認めてもらえるだろう。しかし、その逆は成り立つだろうか。すなわち、「本が三箱分ある」が正しいならば、「本が三箱ある」も正しいだろうか。「本が三箱ある」が正しいならば、本が三つの箱に分かれて入っている

のでなければならない。他方、「本が三箱分ある」が正しいためには、そうある必要はない。本はまだ分けられていず、箱もまだ用意されていなくともよい。よって、(22′)が正しければ、(22)も正しいとは言えない。

(23)と(23′)については、どういう事態が話題になっているのか、ちょっと不思議に思われるかもしれないが、全部で三キロの重さの本があるという意味である。むかしアメリカにいたとき、公立図書館で要らなくなった本を処分しているのに出会ったことがある。そのとき、キロ単位で本を売っているのを見て、おどろいたものである。こうした情景を想像してもらえば、(23)もそれほどおかしくないはずである。

ここでも、(23)と、それに「分」が付いた(23′)のあいだの関係を考えよう。この場合は、(22)と(22′)のときと違って、片方が正しければ、必ずもう片方も正しいという関係が成り立つ。こうしたとき、両者は論理的に同値であると言われる。(23)と(23′)のあいだにニュアンスの違いはあるかもしれない。たとえば、(23)を使うような場合、本は一箇所に集められているのに、(23′)を使うのは、部屋の中のいろいろな所にばらばらにある本が全部で三キロあるといった場合かもしれない。

だが、一箇所に集められていなければ、(23)を使うことはできないとか、その逆に、(23′)が使われたから、本は一箇所には集められていないとか結論することはできない。つ

まり、こうした違いは、ニュアンスの違いでしかない。

いま見たような、「冊」、「箱」、「キロ」という三つの助数辞のあいだの相違は、分類辞、単位形成辞、計量辞のあいだの相違として一般化できる。よって、助数辞が、三つの種類のうちのどれに属するかを見分けたければ、その助数辞の直後に「分」を付けてできる文が、もとの文とどのように違うのかを調べればよい。

可算名詞とは分類辞を取る名詞である

さて、日本語に「可算／不可算」の区別はあるのかという問いに戻ろう。こうした区別の存在を疑う人々が、その理由として挙げるのは、日本語の名詞が、英語の可算名詞の場合の「three children」のように、数詞を直接取ることをせず、むしろ、「three glasses of beer」のように英語の不可算名詞について使われる言い方、すなわち、数詞をまず受ける特別の表現――助数辞――を介する言い方しか許さないということである。

しかし、これまで見てきたように、日本語の助数辞のはたらきがすべて同じであると考えることはできない。そのことをはっきり示しているのは、単位形成辞と計量辞については、同じ数詞であっても、異なる助数辞を使うと、違ったことを言うことになるのに、分類辞に関しては、奇妙な文ができるだけだという事実である。

(27) じゃがいもが三箱残っている。
(28) お酒を二合飲んだ。
(29) 三人の男が入ってきた。

(27) に現れる単位形成辞「箱」を「袋」に変えたり、(28) の計量辞「合」を「升」に変えてみるとよい。三箱残っているならば、新しく仕入れる必要はないが、三袋ならば、注文を出さなければならない、「二合」ならば、たいしたことはないが、「二升」となると、これは問題だといった具合になるだろう。

それに対して、(29) の「人」を「冊」に変えた文

(30) 三冊の男が入ってきた。

はどうだろう。これは、日本語の助数辞をテーマとした研究集会の中で発表者のひとりが出した例であるが、なかなかインパクトがあるので、私は気に入っている。この文はたしかに日本語として奇妙な文で、こうした文を使う人は、「冊」の使い方を間違えているとし

て非難されるだろう。しかし、この文を使った人は、本当は「三人の男が」と言いたかったのだと考えることもできる。日本語の分類辞は、その使い方をひとつひとつ覚えなければならないので、あまり使うことのないものについては、日本語の使い手もけっこうまちがえる。

よく挙げられる例は、ウサギを数えるには、「匹」ではなくて「羽《わ》」を使うのが正しいというものである。しかし、

(31) ウサギを三匹飼っている。

という文は、人によっては正しい日本語でないと言われるかもしれないが、言いたいことを伝えるには十分な文である。(30)は明らかに正しい日本語の使い方ではないし、また、「冊」というのは冊子状の物を数えるのに使う分類辞なので、男が冊子状の物だという含みも伝えることになる点でまちがっているが、「三」という数詞が表現するものを伝えることはできる。この点で、どういう分類辞を使うかということは、単位形成辞や計量辞の場合ほど大きな違いをもたらすものではない。つまり、文の真偽に影響を与えるほどの違いにはならない。

質量名詞仮説を支持する人のなかには、分類辞は、何をひとつの個体とするかを決めるはたらきをすると主張する人もいる。たしかに、単位形成辞や計量辞は、ある量ごと――たとえば、箱一杯の量ごと――にひとつにまとめるとか、ある量を単位量とする――これだけの長さを単位の長さとする――といったはたらきをする。しかし、分類辞を取り換えたとしても、数えられる数が変化するわけではない。これが示唆することは、分類辞が使われる名詞、いまの場合で言えば、「男」と「ウサギ」は、名詞自体に何をひとつの個体であるかを決める仕組みが備わっているということである。ただし、ふつうの言い方では、「ひとつの個体」と言う代わりに、「一人の男」とか「一羽のウサギ」という具合に、それぞれの名詞に適《かな》った分類辞を使わなければならないが、これは、日本語のような言語の宿命である。

つまり、日本語にも「可算／不可算」の区別は存在する。このあとすぐにいくつかの但し書きをつけることになるが、とりあえず、細かな点を無視すれば、こう言える。すなわち、日本語の名詞のなかで分類辞を取るものは可算名詞である。よって、「こども」や「男」は分類辞「人」を取り、「本」は「冊」を取り、「ウサギ」は「羽」を取るから、こうした名詞はすべて可算名詞である。

分類辞の意味上の役割

分類辞は、それが現れる文の真偽に影響を与えないという点で、単位形成辞や計量辞と大きく違うと述べた。言語哲学および「形式意味論」と呼ばれる言語学の分野で、このことは、単位形成辞と計量辞は、それが現れる文の「真理条件」に寄与するが、分類辞は寄与しないという具合に言われる。

こうした言い方は、この分野の研究者どうしといった「仲間うち」では、便利で、なくてはならないものなのだが、こうした「仲間うち」をいったん離れると、とたんに困ったことになる。その最大の理由は、「真理条件」という用語にある。まず、「真理」という名詞がいけない。この言葉だけで拒否反応を示されることは、しばしばである。「真理」という日本語のもつ悲壮さと滑稽《こっけい》さがまざりあった語感については、以前に別の場所で書いたことがあるので繰り返さない。

真理条件とは、言われたことが、「本当だ」とか「その通りだ」とか「そうだ」と評価されるために成り立っていなければならない条件のことである。言われたことの典型は、これまでの例文がすべてそうであるように、日常の会話で耳にするようなことである。ある特定の場面で言われた「こどもが笑った」が、うそではなくて本当であると評価されるのは、どのようなときであるかを、日本語の話し手は知っている。それだからこそ、そうし

た発言について、「そうだ」とか「違う、それはうそだ」とか言えるのである（ついでに言えば、日本語の「うそ」には、二つの意味があって、ひとつは、英語の「lie」と同じ意味の「本当ではないと自分が思っていることを本当であるかのように言うこと」だが、もうひとつは単に「まちがっていること」という意味である）。つまり、日本語の話し手は、日本語の文の真理条件——ただし、それが使われるコンテキストに相対的な真理条件——を知っているのである。

人の発言は、さまざまな観点から非難されうる。聞こえないとか、大声すぎるとか、話し方がなっていないといったものから、こうした場所でそんなことを言うかといったものまで、本当に多種多様である。発言の内容についての非難に限っても、一通りではない。事実や事態を報告することを目的とする発言に関して、必ずしも最大ではないかもしれないが、深刻な非難は、それがまちがっているというものだろう。じゃがいもが三袋しか残っていないのに、(27)と言うこと、すなわち、じゃがいもが三箱残っているという発言は、まちがいとして非難される。お酒が二升飲まれたのに、(28)のように、飲まれたお酒は二合だという発言がなされれば、それも同様に非難されるだろう。「三袋」か「三箱」か、「二升」か「二合」かは、このようにそれが使われた発言が、本当かうそかを左右する。「箱」や「袋」のような単位形成辞と、「升」と「合」のような計量辞が、それが現れる文

の真理条件に寄与するというのは、こうしたことである。

それに対して、(31)という文「ウサギを三匹飼っている」を使った発言は、「匹」ではなく「羽」を使うのが正しいと言われるかもしれないが、実際にウサギを三羽飼っているのならば、うそだと非難するのはおかしいだろう。もしそうならば、(31)よりもずっと奇妙にひびく(30)、すなわち、「三冊の男が入ってきた」を使った発言もまた、実際に三人の男が入ってきたのならば、うそではないと言うべきだろう。もちろん、こうした発言を非難する理由は十分あるが、それは、うそだという非難ではなく、「冊」という分類辞をここで使うことへの非難である。

「三人」、「三冊」、「三匹」といった名詞句は、数詞と分類辞から成るが、これが現れる文の真偽に影響を与える、つまり、真理条件に寄与するのは、数詞だけである。分類辞は、それが現れる文の真偽に影響を与えることはない。

しかし、分類辞が意味をもたないわけではない。「三人の男」ではなく「三冊の男」を使った(30)の発言が非難されるのは、先にも述べたように、「男」について「三冊」と言うのは、男が冊子上の物であるという、まちがった「含み」を伝えてしまうからである。「含み」というのは、グライスという言語哲学者の作った用語であるが、そのグライスは、ひとつの発言によって「言われる」ことと「含みとされる」こととを区別した。(30)とい

う文を用いた発言については、

言われたこと：　　三人の男が入ってきた
含みとされたこと：　男とは冊子上の物である

という具合になる。言われたことが本当であっても、含みとされたことは誤りであるから、こうした発言は、うそだとして非難されることはないが、誤った含みをもつという点で非難される。「三冊」ではなく「三人」を使った(29)ならば、こうした非難は生じない。分類辞の違いが、こうした違いを作っていることは明らかである。そして、その限りで「冊」と「人」とは、意味を異にするのである。

可算名詞の不可算的用法

「たまご」や「りんご」も、分類辞「個」や「つ」を取るから、可算名詞だということになる。たしかに、何が一個のたまごであり、何が一個のりんごであるかは、計量の単位のように人間によって決められることではなく、自然によって決められている。しかしながら、たまごにしても、りんごにしても、個体として自然に存在するだけでなく、人間が自

分の目的のために加工する材料となるものでもある。

それゆえ、「たまご」と「りんご」は、「まぐろ」や「桐《きり》」や、その他のさまざまな自然物を指す名詞と同様、何個とか何本とか数えることのできる個体を指す場合もあれば、そうした個体を作っている物質を指す場合もある。こうした名詞は本来、個体を指す可算名詞であるが、それを構成する物質を指すときには、不可算名詞のように使われる。同様の現象は、言語一般に広くみられる。たとえば、英語の「egg」と「apple」は、複数形をもつ可算名詞としても、あるいは、複数形をもたない不可算名詞としても用いられる。

この事実は、先に紹介した、「分」を使ったテストへの反例とみえるものの、自然な説明を与える。このテストは、助数辞の種類を見分けるためのものであった。ここで、次のペアを考えてほしい。

(32) たまごが三個ある。

(32′) たまごが三個分ある。

(32′) は、「たまごがケーキ三個分ある」という解釈も可能だが、そう解釈する必要もない。(32′) を聞く人の多くはたぶん、三個のたまごが割られて入っているボウルを想像する

だろう。この解釈のもとでは、(32)が正しければ、(32′)も正しいだろう。ただし、その逆は成り立たない。では、「個」は、一般に分類辞とされているのとは違って、「箱」や「切れ」といった単位形成辞と同じ振舞をするのだろうか。

(32′)は実際は、「たまご(物質)が、たまご(個体)三個分ある」という文であって、(25)を「こどもが(保育士)三人分いる」と解釈した場合と同じ構造の文である。ただ、(25)の場合と違うのは、(25)のこうした解釈は、特定のコンテキストが与えられていて初めて気付くのに、(32′)をこのように読むことは、ごく自然にできることである。それは、「こども」が個体とその構成物質のどちらをも指すことができるという二面性をもたないのに、「たまご」がそうした二面性を備えた名詞であることによる。

もうひとつ(32′)が(25)と違うのは、「こどもが三人いる」と(25)とは論理的に独立であって、一方が正しいからといって他方も正しいと言えないのに対して、(32)が正しければ、(32′)も必ず正しくなるという点である。しかし、これが成り立つのは、分類辞「個」のせいではない。それは、個体としての「たまご」と、その個体を作っている物質としての「たまご」のあいだに、前者が存在すれば後者も存在するという関係が成り立つからである。この逆は成り立たない。一個のたまごを構成していた物質がすべて存在していても、その物質が、個体としてのたまごの形を取っていなければ、個体としてのたまごは存在し

ないからである。

これまで加工用に使われてこなかった自然物が、新しく使われ出すようになると、自然物を指していた可算名詞が、不可算的に用いられるようになる。たとえば、これまで食用に用いられなかった動物の肉が食材として普及したときに、こうしたことが生じる。日本語は、「ぶた」「とり」のように、しばしば、動物の名称をそのまま、その肉の名前としても用いる。「ぶた」や「とり」は、可算名詞として使われる場合も、不可算名詞として使われる場面もある、二面性をもつ名詞であるが、これに加えて、「カンガルー」や「ワニ」もまた、同様の名詞になりつつあると思われる。

不可算名詞の可算化

分類辞の判定のためのテストに対して、別の種類の反例として提起されうるのは、次のようなペアである。

(33) ビールが三本ある。
(33′) ビールが三本分ある。

「本」は、「三本の木」とか「竹竿三本」といった使い方をみると、明らかに分類辞であると思われる。他方、(33)の正しさから(33′)の正しさが言えるが、その逆は成り立たない。そうすると、先のテストに従えば、「本」は単位形成辞になってしまうだろう。しかし、まず見当がつくのは、「本」はビールそのものを数えているのではなく、ビールの「いれもの」を数えているということである。先に出てきた文

(22) 本が三箱ある。

に関して、本が入っているのが段ボール箱であることをはっきりさせたいならば、

(34) 本が段ボール箱三個ある。

のように、「数詞＋単位形成辞」の代わりに「容器名＋数詞＋分類辞」という形の句を使うことになる。「お茶がペットボトル三本ある」にも、同様の句が現れている。さらに、問題となっている容器がそのコンテキストで了解済みであるならば、容器名が省略されることもひんぱんにある。「本が三個ある」という文はコンテキストなしでは、まちがった日本

語だと思われるかもしれないが、引っ越しなどで、いろいろな種類の品物が入った段ボール箱を扱うといったコンテキストでは、ごく自然な発言である。

(33)がどのような文であるかは、いまや明らかだろう。つまり、それは

(33)ビールが[大瓶/中瓶/小瓶]三本ある。

のように、容器名が省略された文であり、「本」は、省略された容器名を数えるものとして、分類辞としてはたらいているのである。

ビールやお茶に限らず、いまや飲料の多くは、決まった規格の容器に入った形で流通している。「ワイン三本」とか「焼酎二本」といった言い方はあたりまえであり、水でさえ、「水を二本持ってきて」で完全に意味の通じる世の中である。

飲料だけではない。スーパーやコンビニのおかげで、不可算名詞で指される食材の多くが、パックの形で販売されるために、「ヨーグルト三個」とか「ひき肉二つ」とかいった言い方に抵抗を感じる人はもういない。「個」も「つ」も、汎用の分類辞として、容器を数えるだけでなく、さまざまな種類のものに使われるので、「個」や「つ」とともに使うことのできる名詞は可算名詞であると言ってしまえば、日本語の名詞で可算名詞でないものはほ

とんどなくなってしまうだろう。したがって、可算名詞の特徴付けを、「分類辞を取る」という規定を、「『個』や『つ』、および容器を数えるために用いられるもの以外の分類辞を取る」という規定に変更しておこう。

「つ」について

助数辞「つ」には、いくつか独特な点がある。ここでそれに触れておくのもむだではない。

日本語で、十以下の数を表す数詞には、「ひ、ふ、み、よ……とお」という日本伝来のものと、「いち、に、さん、し……」という中国から伝わったものの二種類がある。「個」が中国起源の数詞にしか使えないのと対照的に、「つ」は日本伝来の数詞にしか使えない。「ひとつ、ふたつ、みっつ……ここのつ」(「とお」には「つ」は使えない)「いっこ、にこ、さんこ……きゅうこ」であるのに対して、「*いっつ、*につ、*さんつ…… *きゅうつ」また「*ひっこ、*ふっこ、*みっこ…… *こっこ」(「*」は、文法的に正しくないことをマークする印である)である。もしも「つ」を十以上の数について使いたいならば、次のように、数詞だけを言うことになる。

（35）この本には話が十二入っている。

この場合、「つ」は実際はあるのだが、発音されないだけだという言語学者もいる。たしかに、そう考えた方が説明に都合のよい事柄もある。

「つ」によってしか数えられない種類のものは結構あるが、そうしたものに共通しているのは、抽象的であったり、物質的なものでも、何か実体性をもたないということである。前者の例としては、可能性、謎、選択肢などが挙げられる。（35）の「話」も、そうである。後者の例としては、雲、影、足跡、しみなどがある。

可算か不可算かという問題に特に関係する「つ」の特徴的な使い方は、次のような例文に現れている。

（36）コーヒーを三つ頼んだ。

この文が意味することは、それが使われる状況に応じて違う。もしも、これがレストランで言われたならば、「コーヒーを三杯」という意味だろうし、コーヒー豆を売っている店で言われたならば、「コーヒーを三袋」という意味だろう。つまり、「三つ」は、ビールに

ついて言われる「三本」が、ビールではなく、ビールの入った瓶を数えていたり、ヨーグルトについて言われる「三個」が、ヨーグルトではなく、ヨーグルトの入ったパックを数えていたりするのと同様に、コーヒーの入った容器を数えていると考えられる。「つ」が「本」や「個」と違うのは、「コーヒー三つ」のような言い方のとき、コーヒーの入った容器名が表に出てこないのが通例だということである。さらに、十以上の数について、同様のことを言う場合には、「つ」もまた表に出てこないから、次のような文ができることになる。

(37) コーヒーを二十頼んだ。

日本語に可算名詞はあるが、単数／複数の区別はない

ともかく結論として、日本語にも可算名詞はあると言える。可算名詞の存在は、論理学で現在標準とされている理論が日本語に対して使えるかどうかに大きく影響する。その理由は、その理論で扱うことができるのは、たがいにはっきり区別されていて、その数を数えることのできる個体——個々の人や、物体など——から成る領域に限られるからである。こうした個体から成る領域を「可算領域」と呼ぶ。

もちろん、現在の論理学で標準となっている理論が適用できるということが、その言語が「論理的」であることの決定的な基準となるわけではない。しかしながら、確立された理論が適用できる部分があるならば、言語のその部分に関しては、どのような推論が論理的に正しいかを知ることができるということである。よって、可算名詞があるということは、可算領域について述べている文の範囲を、ある程度決めることができ、論理学の標準理論が適用できる言語の部分を決めることができるということである。この章のタイトルとなっている文

（1）こどもが笑った。

は、「こども」が可算名詞であるので、まさにそうした文である。それに対して、

（38）水がこぼれている。
（28）お酒を二合飲んだ。

はどちらも、「水」や「お酒」が不可算名詞であるので、標準理論では扱えない文である。

もちろん、こうした文も扱えるような論理学の理論を作ろうという努力は、もうだいぶ前からなされている。それについては、以下でも折々に触れる。

このように、日本語にも可算名詞があるとわかったことは、現在の論理学を日本語に適用するための障害のひとつが取り除かれたことを意味する。これでようやく、「単数／複数」の区別と日本語の論理性とのあいだの関係という、もともとの問題を扱うことができる。

「単数／複数」の区別があるかないかが、日本語が論理的かそうでないかという問題に関係すると思われるのは、論理学における現在の標準理論が、単数と複数の区別を前提としているだけでなく、複数表現に関しては、それが単数表現で完全に置き換えられる限りでしか扱えないことから来る。つまり、標準理論が扱えるのは、可算領域のなかでも、個体のひとつひとつに関して成り立つ事柄か、そうした事柄についての文によって完全に言い直せるような領域に限られるのである。

そうすると、日本語のように、「単数／複数」についての体系的な区別のない言語の文に関しては、可算領域についての文であっても、標準理論では扱えないということになる。これに対しては、二種類の反応が考えられる。ひとつは、日本語にも「単数／複数」の区別はあると論じることであり、もうひとつは、論理学の標準理論を拡張して複数一般を扱

えるようにすることである。前者には望みがなく、後者が唯一可能な道だと私は考える。しかし、本当に日本語に「単数／複数」の区別はないのかと思う人もいるだろう。そこで、まずは、そうした人の疑念には根拠がないことを示しておこう。

まず、英語の名詞が、単数と複数で変化することは、よく知られている。「child」と「children」のような場合もあるが、多くの名詞については、「-s」または「-es」という語尾を付ければ複数形を作ることができる。「child」はひとりのこどもを、「children」は複数のこどもを指す。それに対して、日本語では、直前の文がまさにその実例になっているが、「こども」は、ひとりのこどもと複数のこどもの両方を指す。つまり、日本語の名詞は複数と単数で変化することはない。フランス語やドイツ語のように、動詞や形容詞が単数と複数で変化することもない。この事実により、日本語には文法的な数の区別がないと言われる。

日本語における複数形という話になると必ずもちだされるのが、「たち」である。日本語でも、名詞に「たち」を付けることで、複数形が作れるのではないか、というわけである。たしかに、「こどもたち」や「先生たち」のように「たち」が付いた名詞が、複数の人やものを指すことは確かである。しかし、「たち」が、日本語における体系的な「単数／複数」の区別の存在を示すと言うことは誤りである。

第一に、「たち」が付いていない名詞が、単数名詞であるわけではない。したがって、「たち」が付いているかどうかによって、単数と複数が区別されるわけではない。第二に、「田中さんたち」の場合にはっきりしているように、「たち」の付いた名詞は、その名詞が指す複数の人やもの――複数の田中さん――を指すのではない。このことは、「こどもたち」についても正しい。「こどもたち」が指す人の中には、こどもでない人がいても構わない。「こどもたち」が指すのは、こどもによって代表されるあるグループなのである。

そして、最後に、「たち」を付けることのできる名詞は、きわめて限られている。人以外の動物や物に使われないことはないが、あまり標準的な使い方でないことは、たぶんだれもが認めるだろう。たとえば、自分の飼っている複数の猫のことを「猫たち」と言うことは許されても、自分のもっている服を指して「私の服たち」と言う人については違和感を覚える人が多いだろう。

単数と複数を区別しない言語にも論理は適用できる

現在の論理学での標準理論は「述語論理」と呼ばれる。この理論に従えば、もっとも基本的な文は名前と述語からできている。名前の典型は、人名や地名のような固有名詞である。名前は、ある特定の人や物のような個別の対象を指す。人を「対象」呼ばわりするの

は、けしからないと思われるかもしれないが、人も動物も植物もそれ以外の物もすべてひっくるめて呼ぶために、哲学や論理学でふつう使われるのが「対象」なので、この点は大目に見てほしい。

他方、述語は、名前が指すような個別の対象のもつ性質や、個別の対象どうしのあいだの関係を表す。「こども」のような一般名詞も、さっちゃんやみっちゃんのような対象のもつ性質であるから、述語として扱う。「とても大きい」のような形容詞句、「笑った」のような動詞句も、述語である。これらは、単一の対象のもつ性質を表す述語であるが、「より大きい」や「たたいた」は、二つの対象のあいだの関係を表す述語である。

述語論理の基本的な文は、もっとも単純な文という意味で「原子文」とも呼ばれる。これは、名前と述語の両方からできている。述語はひとつだけだが、名前は複数含んでいてもよい。たとえば、

(39) 田中さんが笑った。
(40) さっちゃんがみっちゃんをたたいた。

という日本語の文は、述語論理の原子文に対応するとみなすことができる。(39)は、ひと

つの名前と述語からできているのに対して、(40)は、二つの名前と述語からできている。

現在の標準理論である述語論理の大きな特徴は、名前が指すのは、単一の対象であって、複数の対象ではないことと、述語が表す性質や関係も、単一の対象がもつ性質や、単一の対象どうしのあいだの関係であることである。しかし、日本語を始めとする、英語や中国語といった自然言語には、こうした制限はない。そこには、複数の対象を指す固有名詞も、複数の対象がもつ性質や、それぞれ複数の対象どうしのあいだに成り立つ関係を表す形容詞句や名詞句や動詞句も、ふつうに見つかる。たとえば、「ブロンテ姉妹」は、シャーロットとエミリーとアンの三人の女性を指す固有名詞であり、「議事堂を取り囲んだ」は、ひとりひとりの個人に成り立つ性質ではなく、複数の個人についてのみ成り立つ性質である(ただひとりで、議事堂を取り囲むことはできない)。

論理学の標準理論のもつこうした制約が、英語やドイツ語におけるような複数表現の論理的扱いにとって大きな障害となることは、かなり前から気付かれていた。このことは、日本語の例でも説明できる。

(41) さっちゃんとみっちゃんとまあちゃんが笑った。

という文を考えよう。この文をそのまま述語論理で表現することはできない。「さっちゃんとみっちゃんとまあちゃん」は、複数のこどもを指すから、述語論理の名前とみなすことはできないし、「笑った」もここでは複数のこどもに成り立つとされているから、述語論理の述語とみなすこともできない。そこで取られるやり方は、(41)を

(42) さっちゃんが笑い、みっちゃんが笑い、まあちゃんが笑った。

といった文に直すことである。ここには、複数のこどもを指す名前も現れなければ、「笑った」もひとりひとりのこどもにしか適用されていない。(41)を(42)に置き換えても構わない理由は、「笑った」が、複数の人について成り立つならば、ひとりひとりについても成り立つ述語だからである。

こうした述語を「分配的な述語」と言う。さっちゃんとみっちゃんとまあちゃんの三人について「笑った」という述語が成り立つならば、さっちゃんひとりについても、みっちゃんひとりについても、また、まあちゃんひとりについても「笑った」が成り立ち、その逆も正しい。すなわち、さっちゃんひとり、みっちゃんひとり、まあちゃんひとりについて「笑った」が成り立つならば、この三人合わせて「笑った」が成り立つ。つまり、論

理学の標準理論では扱えない(41)も、(42)のような形の文を介することによって、扱うことができるようになる。(41)を(42)に置き換えるような操作を、複数表現を単数表現に還元する操作と特徴付けることができる。

ところが、次の文については、こうした「還元」は不可能である。

(43) さっちゃんとみっちゃんとまあちゃんが集まった。

この文を

(44) さっちゃんが集まり、みっちゃんが集まり、まあちゃんが集まった。

とするのは意味をなさない。なぜならば、「集まる」が成り立つのは、複数、しかも、たぶん、三人以上の人についてであって、「さっちゃんが集まった」というような文は意味をなさないからである。「集まる」のような述語は、「集合的な述語」と呼ぶ。こうした述語を含む文に関しては、複数表現を単数表現に還元することは不可能である。

複数表現の論理への二つのアプローチ

「集まった」に対応する表現は、もちろん、英語にも他の言語にもある。単数表現に「還元」できない複数表現を扱えるようにするための努力がさまざまになされてきた理由である。日本語の場合、単数と複数の体系的区別が存在しないために、単数表現だけをまず取り出して、それに使える理論を考え、そのうえで複数表現についても考えるということはできない。したがって、単数表現と複数表現の両方を扱えるような論理的理論は、日本語の分析にとって不可欠である。

幸いなことに、この四十年ほどのあいだに、そうした理論や分析的道具が作られてきた。複数表現の意味の分析に関して、現在、大きく分けて二つのアプローチがある。第一のものによれば、「集まる」のような述語は、「複数的対象」と呼ばれる特殊な種類の対象について成り立つ。複数的対象としては、集合、グループ、「メレオロジカルな和」と呼ばれるものなどが使われることが多い。言語学系の人は、どれを選ぶかにあまり頓着しないようで、ここでもこだわるのは哲学系の人である。そうした人のあいだで支持が多いのは、複数的対象を、複数の対象のメレオロジカルな和と考えることである。メレオロジーとは、「メロス」がギリシア語で部分を意味することから付けられた名称だが、部分と全体の関係の理論という意味で、ポーランドの論理学者レシニェフスキが、第一次と第二次の大戦の

あいだの期間に作った理論である。

メレオロジーによれば、複数の対象があれば、そうした対象すべての「和」と呼ばれる対象が存在する。この事実を使えば、「こども」は、ひとりひとりのこどもだけでなく、こどもどうしの「和」も指すと考えることができる。よって、「こども」は、さっちゃん、みっちゃん、まあちゃんなど、ひとりひとりのこどもを指すだけでなく、さっちゃんとみっちゃんの和、みっちゃんとまあちゃんの和、さっちゃんとまあちゃんの和、さらに、さっちゃん、みっちゃん、まあちゃんの和なども指す。これらは、

さっちゃん⊕みっちゃん
さっちゃん⊕みっちゃん⊕まあちゃん

のように書かれる。

こうしたアプローチの特徴は、複数的対象という種類の特殊な対象を導入することで、論理学の標準理論を変更する必要がないことである。さっちゃん、みっちゃん、まあちゃんの和は、ひとつの対象であって、三つの対象、すなわち、三人のこどもではない。

第二のアプローチは、複数的対象のような新しい種類の対象を導入しない。その代わり

に、述語論理の名前は複数の対象を同時に指すことができ、述語もまた、複数の対象について成り立つ性質や、関係に立つもののなかに複数の対象が含まれている関係も指すと考える。「集まる」という述語は、さっちゃん、みっちゃん、まあちゃんの三人のそれぞれについて成り立つのではなく、この三人全員に「同時に」成り立つ。このように、名前と述語のはたらき方を変えるのであるから、どのような推論が成り立つかについても影響が出てくる。つまり、このやり方は、新しい対象を導入する代わりに、論理を変更するものである。こうして変更された論理のことを「複数論理」と呼ぶが、これは、単数・複数の区別なしに成り立つ論理であるから、「数中立的論理」と呼ぶ方がふさわしい。

この二つのアプローチは、その背景にある哲学は大きく違う。両者のあいだでの争点は、日本語のような自然言語の意味の理論とは何をする理論なのかと、複数的対象のようなものは本当にあるのかという二つである。複数的対象を導入する方が、複数の対象をまとめてひとつの「もの」として扱えるので、それが便利であるということもある。しかしながら、具体的な言語現象の分析という場面では、どちらを使うこともでき、片方でうまくいったやり方を、他方にアレンジすることも、多くの場合簡単にできる。どちらのアプローチを取ろうが、「単数／複数」の体系的区別をもたない日本語のもつ「論理性」を正しくとらえることができる。

私個人としては、複数的対象を導入するやり方よりも、論理を変更して複数論理を採用する方が、哲学的には正しいと思うし、われわれが日本語で推論を行う際に実際に従っている論理もまた複数論理であると考えている。しかし、本書の力点は、日本語における具体的な現象をどう扱うかということにあるので、そうした議論はしないことにする。以下で、「複数の対象、あるいは、複数的対象」といった言い方がときどき出てくるが、それは、この二つのアプローチのどちらを取っても成り立つことを示すためである。

この章のまとめ

この章で述べたことの要点は、次の三つである。

- 日本語の名詞句にも、確定的に現れる場合と不確定的に現れる場合との区別がある。その区別は、さまざまな言語的手がかりによってなされる。
- 日本語の名詞にも、可算名詞と不可算名詞の区別がある。分類辞をとる名詞は可算名詞である。ただし、「個」や「本」のように、容器名と一緒に用いられる分類辞、および、「つ」を取る名詞のなかには、可算名詞ではないものもあるので、注意が必

要である。助数辞のなかから分類辞を見分ける方法もある。

• 単数と複数の体系的区別は日本語に存在しない。このことは、日本語が「非論理的」であることを示すのではない。単数にも複数にも適用できる論理学的理論が存在する。そうした理論を使うことによって、日本語の意味論的分析を行うことができる。

第2章

「三人のこどもが笑った」

数量名詞と量化

日本語の文法で「数量名詞」と呼ばれる一群の名詞がある。益岡隆志・田窪行則『基礎日本語文法——改訂版』では、「大勢、多く、多数、少数、いくらか、大部分、半分、全部」がその例として挙げられている。また、前章で論じた、「三人」や「三つ」のような「数詞＋助数辞」という形の句もまた、数量名詞であるとされている。さらに、「三割」、「三分の一」、「三十パーセント」といった句も、数量名詞のなかに付け加えておきたい。

こうした名詞は、第4章で扱う「だれ、どれ、どの〜、どこ、いつ」といった不定詞とともに、日本語で量化を実現するための基本的な手段である。そこで、「量化」とは何かという話になるのだが、これを一般的な形で説明するとなると、どうしても抽象的になってしまう。例を挙げてから説明した方がよいだろう。

（1）三人のこどもが笑った。
（2）ビールの大部分がこぼれた。
（3）どの学生の答案もひどい。

（1）と（2）はそれぞれ、数量名詞「三人」と「大部分」を用いた量化で、（3）は不定

詞「どの〜」と助詞「も」を用いた量化である。いずれにも、二つの条件が関係している。（1）は、「こども」という条件と「笑った」という条件の両方を満足するものはどれだけあるかを述べている。（2）は、「ビール」という条件を満足するもののうち、どれだけが「こぼれた」という条件を満足するかを述べている。最後に、（3）は、「学生の答案」という条件を満足するもののうちの、どれだけが「ひどい」という条件を満足するかを述べている。

このように二つの条件が関係するということと、「どれだけの数あるいは量」ということが問題となっている点が共通している点で、これらすべてが、量化の事例であるが、たがいにさまざまな違いがある。

二つの条件のうち、ひとつは名詞句によって表現され、もうひとつは「笑った」や「こぼれた」のような動詞句もしくは「ひどい」のような形容詞句によって表現されていることも、これらの例に共通している。第一の条件を作る名詞句が可算であるとき、量化は、「可算の量化」であると言われる。（1）と（3）がそれにあたる。他方、（2）は、「ビール」が不可算の名詞句であるから、こちらは「不可算の量化」であると言われる。

可算の量化については、標準的な理論があるのに対して、不可算の量化については、いくつかの有力な理論がないわけではないが、まだ標準的と言えるような理論は存在しない。

可算の量化と不可算の量化のあいだには、多くの共通点があり、そのことは、「大部分」や「半分」など同じ表現がどちらの種類の量化でも使われる日本語では、とくに明瞭である。本書では、すでに確立した理論がある可算の量化を主に扱い、不可算の量化については、可算の量化との共通点を中心に、簡単に触れるだけにとどめる。

（1）と（3）はどちらも可算の量化であるが、（1）が、（2）と同様、数量名詞による量化であるのに対して、（3）は、不定詞と「も」による量化である。（3）は、たまたま「学生」が可算名詞句であるから、可算の量化になったわけではない。「どれだけ」とか「どのくらい」といったものを除けば、不定詞は基本的に可算の名詞句にしか用いられないので、不定詞による量化はすべて可算の量化である。不定詞による量化は、第4章で扱う。

比例的な量化と比例的でない量化

不可算の量化と不定詞による量化は別扱いとすると、残るのは、数量名詞が可算の名詞句と一緒に用いられた（1）のような量化である。じつは、この種類の量化は、さらに二種類に分かれる。ひとつは、（1）に代表されるが、もうひとつは

（4）大部分のこどもが笑った。

のような文に代表される。

（4）は、こども全体のなかで、笑ったのはどれだけかについて言う文である。名詞によって与えられる全体のなかで、動詞句や形容詞句によって表現される条件を満足するものの比率を表現するものであるから、こうした種類の量化は、「比例的な量化」と呼ばれる。「三割」とか「三十パーセント」といった数量名詞による量化はまさに、比例的な量化の典型である。他方、（1）は、名詞「こども」で表現される条件と、動詞句「笑った」で表現される条件の両方を満足するものはどれだけあるかを述べるものであるから、ある全体に対する比率といったものは問題となっていない。比例的な量化と区別するために、（1）に代表される種類の量化を「比例的でない量化」と呼ぼう。

（1）には、二つの条件が関係しているが、比例的でない量化では、必ずしも二つの条件が関係する必要はない。次がよい例である。

（5）こどもは三人だ。

この文は、名詞「こども」が表す条件を満足するものがどれだけいるかを述べているだ

けであって、「こども」以外の条件は関係していない。不可算の量化にも、同様の区別があることは、次の例からわかる。「大部分」を含む（7）が比例的であるのに対して、「たくさん」を含む（6）は比例的でない量化である。

（6）水をたくさん飲んだ。

（7）大部分のお酒は飲まれてしまった。

これまでのことをまとめておこう。まず、量化には、可算のものと不可算のものがある。可算の量化は、数量名詞によるものと不定詞によるものとがあるが、不可算の量化は、数量名詞によるものに限られる。可算・不可算を問わず、数量名詞による量化は、比例的なものと比例的でないものに分けることができる。

この章では、比例的でない数量名詞による量化を扱い、次の第3章で、比例的な数量名詞による量化を扱う。不定詞による量化は、第4章の主題である。

「三人」は複数述語である

それで、まずは、本章の最初の例文

（1）三人のこどもが笑った。

が、それがもつような意味をもつのは、どういう仕組みでなのかを考えることから始めよう。最初に考えなければならないことは、この文で「三人のこども」が、ある特定の三人のこどもを指すという場合、つまり、第1章の言い方で、確定的に使われている場合はあるかという問題である。いま（1）が、次の文に続けて言われたとしよう。

（8）二人の先生と三人のこどもが教室にいた。

このとき、（1）の「三人のこども」が、（8）で、先生と一緒に教室にいたと言われている三人のこどもを指すことは疑いない。英語では、前に出てきた名詞が指すのと同じ人やものを指すのに、代名詞を用いるのに対して、日本語では、名詞を繰り返すことで、同じ人やものを指す。よって、（1）のような文に現れる「三人のこども」が、文脈ですでに導入されている特定の三人のこどもを指すことが可能なのである。

このように、（1）の「三人のこども」が確定的に用いられている可能性はあるが、これ

が不確定的に用いられることは、もちろん、ある。そして、こちらの場合を考える方が、日本語における量化の特徴をみるには好都合である。

さっちゃん、みっちゃん、まあちゃんといった、ひとりひとりのこどもを、「こども」で指すことができるだけでなく、さっちゃんとみっちゃん、さっちゃんとみっちゃんとまあちゃんといった複数のこどもも、同じ「こども」で指すことができるということは、必要がなければ単数と複数をいちいち区別しない日本語の名詞の大きな特徴であった。「こども」のような一般名詞がそうであるが、論理学で述語として扱われる日本語の表現は、複数のものや人にもあてはまるという意味で「複数述語」と呼ぶことができる（この「複数」には、単数も含めているので、「数中立述語」と呼ぶ方が正確である）。

複数述語というものを認めることは、（1）の「三人」を、次の文に現れる「オレンジ色」や「楕円形」のような、色や形を表す形容的な名詞句と同じ種類のものだと考えることを可能にする。

（9）オレンジ色の車が来た。

（10）楕円形のテーブルを運んだ。

ここで「オレンジ色」や「楕円形」といった名詞句は、「の」を介して、それに続く一般名詞が指すものを形容するはたらきをする。（9）と（10）が次のように言い換えられることにも注意しよう。

（11）来た車はオレンジ色だった。
（12）運んだテーブルは楕円形だった。

（1）が、（9）や（10）と同じ構造をもつと考えれば、「三人」は、「の」を介して、それに続く名詞が指すものを形容していることになる。「オレンジ色」や「楕円形」との違いは、こうした色や形を指す名詞が、一台の車や一個の机といった個別のものについてもあてはまるのに、「三人」は、そうしたことはありえず、複数のもの（人）にしかあてはまらないということである。
そうすると、「オレンジ色の車」が、「オレンジ色」という条件と「車」という条件を満足するものを指すのとまったく同様に、「三人のこども」は、「三人」という条件と「こども」という条件を満足する複数の人を指す。（1）全体が言うことは、この二つの条件を満足するものが、さらに「笑った」という条件も満足するということになる。

（9）と（10）がそれぞれ（11）と（12）に言い換えられるのと同様に、当然（1）は

（13）笑ったこどもは三人だった。

と言い換えられると思われるが、じつはここには長い論争の歴史がある。その話に移る前に、ひとつだけ述べておかなければならないことがある。

「三人のこども」「こども三人」「こどもが三人」

「三人」のような数を表す名詞句は、複数のものにしかあてはまらないという点で、ひとつひとつの個体にもあてはまる、色や形を表す形容的な名詞句と異なるが、文法的にも大きな違いがある。それは、「三人」が文中で現れることのできる場所が一定していないという事実である。次は、（1）と同じことを言うものであるが、「三人」の現れる場所は（1）とは違う。

（14）こども三人が笑った。
（15）こどもが三人笑った。

（16）三人こどもが笑った。

「オレンジ色」や「楕円形」について似たような言い方ができないことは、確かめるまでもないかもしれないが、いちおう確認しておこう。

（17）＊車オレンジ色が来た。
（18）＊テーブルを楕円形運んだ。

（15）や（16）のような文は、言語学で盛んに議論されてきた。こうした文では、「三人」のような数量名詞は、それが修飾する名詞と一緒になって名詞句を作らず、その外に「漂い出した」ようにみえる。それゆえ、このような形で現れている数量名詞は、「浮遊量化子」と呼ばれたりもする。「浮遊した」数量名詞は文中のどこに位置してもよいわけではない。たとえば、次の二つの文で、（20）は日本語として問題がないが、（19）は正しくないとされるだろう。第1章でも出てきたが、「＊」は、それが付けられた表現が文法的に誤りだとされることを示す記号である。

（19）＊こどもが本を三人借り出した。
（20）三冊こどもが本を借り出した。

こうした事実からどのような法則性を見出すことができるのか、また、そうした法則性があるのならば、それはどのように説明されるべきかに関して、一九七〇年代から現在に至るまでの半世紀近くに及ぶ、未だに決着のついていない、主として「統語論」という分野における論争がある。ここでこうした論争に立ち入ることはしない。以下で取り上げるのは、これとは別の、より純粋に意味にかかわる論争である。

「三人のこども」は、何人のこどもを指すのか

さて、（1）で「三人のこども」は不確定の三人のこどもを指すものとしたとき、（1）は、どのような場合に成り立つと考えられるだろうか。先に（73頁で）与えた答は、「三人」、「こども」、「笑った」という三つの条件を満足するものがあれば、（1）は成り立ち、その逆に、（1）が成り立つときには、この三つの条件を満足するものがあるということだった。

たしかに（1）が成り立つとき、三つの条件は満たされている。しかし、三つの条件が

満たされていれば、(1)が成り立つ、別の言い方では、真であると言えるだろうか。いま、さっちゃん、みっちゃん、まあちゃんに加えて、しーちゃんもまた笑ったとしよう。この状況では、「三人」、「こども」、「笑った」の三つの条件を満たすものはたしかに存在する。もちろん、さっちゃん、みっちゃん、まあちゃんの三人がそうである。だが、それだけでなく、さっちゃん、みっちゃん、しーちゃんの三人でも、あるいは、みっちゃん、まあちゃん、しーちゃんの三人でもよい。つまり、三つの条件を満たすものがあるということが、(1)が真であることの条件であるならば、それは、

(21)三人以上のこどもが笑った。

という文が真となるための条件と、まったく同じということになってしまう。しかし、(1)が言うことは、(21)が言うことと同じではなく、

(22)ちょうど三人のこどもが笑った。

が言うことと同じではないだろうか。実際、(1)が

（13）笑ったこどもは三人だった。

と読み換えられるのならば、（13）の「三人」は明らかに「ちょうど三人」であるから、（1）と（22）は同じことを言っているだろう。しかし、（1）では「三人のこども」と言われているだけであって、（21）のように「三人以上の」と言われているわけでもなければ、（22）のように「ちょうど三人の」と言われているわけでもない。よって、（1）の「三人の」の解釈として、（21）が正しいのか、それとも正しいのは（22）の方なのかという問いが出てくる。

たぶん多くの人は、（1）の「三人の」は「三人以上の」という意味ではなく、「ちょうど三人の」という意味だと考えるだろう。ところが、不思議に思われるだろうが、少し前まで、この問題を扱った言語学者や言語哲学者のあいだでの支配的な見解は、（1）に現れる「三人の」は、「ちょうど三人の」ではなく、「三人以上の」と同じ意味をもつというものであった。「三人のこども」が、本来、三人以上のこどもを意味すると考えられた理由は、実際、そうした例があるということにある。たとえば、会議の準備をしているAとBのあいだの、次のやり取り

A：三人のこどもに来てほしい。
B：三人のこどもなら隣の部屋にいる。

で、隣の部屋にいるこどもが三人以上だったとしても、Bの発言はまちがいとはされない。よって、Bの発言中の「三人のこども」は、三人以上のこどもを意味するのでなくてはならない。

同様の例として、

(23) 三人のこどもがいる人は、控除が受けられる。

が挙げられる。(23)の「三人のこども」は、ちょうど三人のこどもという意味だろうか。三人よりも多くのこどもがいる人は、控除を受けられないということが、(23)から出てくるだろうか。たぶん、そう考えない人は多いだろう。よって、(23)の「三人のこども」は、三人以上のこどもを意味する。

だが、こうした例とちがって、(1)のような簡単な文についても、「三人のこども」が、

三人以上のこどもを指すと言うのはおかしくないだろうか。（1）を言う人も、それを聞く人も、そこでの「三人のこども」は、三人以上のこどもではなく、ちょうど三人のこどもの意味だと考えるのではないだろうか。

この当然の疑問に対しては、次のように答えられた。――たしかに、（1）の発言によって、ちょうど三人のこどもが笑ったことを伝えることができる。だが、このことは、「三人のこども」という表現の意味によって説明されるのではない。文字通りの意味で理解するならば、（1）が言うことは、少なくとも三人、つまり、三人以上のこどもが笑ったということである。だが、言葉のやり取りの際に守られる一般的な規則によって、（1）を聞いた人は、それによって、ちょうど三人のこどもが笑ったことが正しいと知るのである。

もう少し詳しく言えば、こうなる。言葉のやり取りにおいて、人は、特別の理由がない限り、自分のもっている情報を過不足なく伝えようとするということが、話し手と聞き手のあいだで了解されている。（1）の発言を聞く人は、そこで次のように考える。――笑ったこどもが三人よりも多いということを相手が知っているならば、（1）としか言わないのは、自分のもっている情報をわざわざ隠していることになる。しかし、相手がそうしたことをする理由は、この場合考えられない。したがって、三人より多くのこどもが笑ったとは言っていないのだから、笑ったこどもは三人ちょうどだろう。

「三人のこども」はやはり、ちょうど三人のこどもを指すのではないか

(1)で「三人のこども」が、ちょうど三人のこどもを意味するようにみえるのは、言葉の純粋な意味によって言えることではなく、言葉によるコミュニケーションの際に守られる一般的な考慮のせいだという、こうした見解は、長いこと、標準的見解であった。だが、この見解は、最近の十年あまりのあいだに、さまざまな批判にさらされてきた。

「三人のこども」が三人以上のこどもを意味するという、標準的となっていた見解にとっていちばん問題なのは、「三人」が、「三人以上の」でも「ちょうど三人」でもなく、「三人以下の」を意味する場合があることである。典型的な例は、

(24) 三個のケーキを食べてよい。

のような文である。親に、(24)と言われて、「三個のケーキ」は「三個以上のケーキ」を意味するのだから、ケーキを四個食べてもよいと、こどもが考えて、そうしたら、当然叱られるだろう。ここで「三個のケーキ」は、三個以下のケーキという意味であることを否定する人はいないだろう。

「三人のこども」は、ちょうど三人のこどもを意味するという人は、(24)の「三個」が「三個以下」を意味することを、言葉の字義通りの意味ではなく、言葉が実際に使われる際の考慮によって説明する。つまり、(24)が許すことは、文字通りの意味では、ちょうど三個のケーキを食べるということである。しかし、ある要求——三個のケーキを食べるという要求——が許可されるならば、その要求よりも少ない要求——三個よりも少ないケーキを食べるという要求——は当然許可される。よって、(24)に現れている「三個」は、字義通りには「ちょうど三個」だとしても、(24)が言うことは、三個以下のケーキを食べてよいと理解するのである。

他方、三人のこどもがいる人は控除が受けられるという(23)で、「三人」は字義通りには「ちょうど三人」を意味するが、「三人以上」の意味だと理解されることについては、次のような説明が可能だとされる。——字義通りに(23)が意味することは、ちょうど三人のこどもがいる人は控除が受けられるということである。われわれのような社会では、こどもが多い人ほど、こどもが少ない人よりも、国からの援助が必要だと考えられている。よって、(23)の発言を聞く人は、ちょうど三人のこどもが控除が受けられるのならば、控除の必要がそれよりも高い人、つまり、三人よりも多いこどもをもつ人も当然、控除を受けられるという具合に推論する。こうして、(23)は、「三人以上のこどもをもつ人は、控

除が受けられる」と言っていると理解される。

この議論は、われわれの社会のあり方についての、ある前提に基づいている。もしも、われわれの社会と違って、こどもが多ければ働き手も多いから、こどもが少ない人よりも、こどもの多い人の方が、国からの援助の必要度は低いというような社会では、(23)は、反対に、こどもが三人以下の人は控除が受けられるということを意味するものと理解されるだろう。いまの例は、「三人」が字義通りには、ちょうど三人を意味していても、「三人以上」の読みが出てくることを説明できた例であるが、そうはいかない例もある。

ひとつは、先に挙げた、会議の準備のために、三人のこどもが必要だと言われたのに対して、三人のこどもなら隣の部屋にいると答える例である。隣の部屋にこどもが何人いようが、三人以上いるならば、この答えは正しい。よって、ここで「三人」は「三人以上」を意味している。この例についての満足のいく説明は、簡単には見つからない。

同様に説明のむずかしい場合は、(24)と対《つい》になる次の例である。

(25)三個のケーキを食べなければならない。

ここで「三個のケーキ」は、三個以上のケーキを意味するものと理解されるだろう。

ケーキを五個食べた人は、(25)で言われていることに反することをしたわけではない。もしも「三個のケーキ」が、ちょうど三個のケーキを意味するのならば、なぜこうしたことが可能なのだろうか。この説明は不可能ではないかもしれないが、「ちょうど三個」、「三個以上」、「三個以下」と三通りに解釈される事例のすべてを、統一的な仕方で説明することができれば、その方がよいことはたしかである。つまり、これまでの標準的見解に代わるような見解が強く求められるゆえんである。

数と様相

「三人のこども」の「三人」がちょうど三人を意味することは直観的には当然だと思われたのに、それが、三人以上を意味したり、逆に、三人以下を意味したりするというのは、いかにも不思議である。しかも、こうした現象は、日本語に限られたことではない。同じ現象は、多くの言語で共通に現れる。実際、この現象は、英語に関して議論されたのであって、ここで紹介している議論は、英語の例についての議論を私が日本語にアレンジしたものにすぎない。日本語においてもこうした現象があることを、英語での議論とは独立にだれか気付いていた人がいるのかもしれないが、私は知らない。

このように広範に見られる現象であるにもかかわらず、そこに規則性があることが気付

かれたのは、案外最近のことである。どのような規則性であるかを見るのにいちばんよいのは、(24)と(25)を並べて見ることである。

(24) 三個のケーキを食べてよい。

(25) 三個のケーキを食べなければならない。

二つで共通している「三個のケーキを食べる」が、(24)では「……してよい」という文脈の中におかれているのに対して、(25)ではそれは「……しなければならない」という文脈の中におかれている。「……であってよい」と「……でなくてはならない」は、論理学で「義務様相」と呼ばれるオペレーター——ひとつの文から別の文を作るはたらきをする表現——である。「義務様相」とか「義務論的」とかいった、ものものしい表現を使うのは、私の本意ではないのだが、ここは大目に見てもらうしかない。実際のところ、いま問題になっているのは、ケーキを何個食べてよいか、何個食べなければならないかということにすぎないが、このことを一般的な仕方で考察するためには、こうした概念が必要になるのである。

ここで、様相について少し解説しておく必要がある。論理学で言う様相とは、可能性・

偶然性・必然性といった種類の概念のことである。現在の哲学および論理学で、様相は、「可能世界」と呼ばれる概念によって説明されることが多い。世界は、現実にそうある仕方とは、さまざまに違った仕方でありうる。そうした現実とは違ったあり方をしている世界全体を、ひとつの可能世界と考える。世界がありうる仕方は無限に多くあるから、無限に多くの可能世界がある。現実世界もまた可能世界のうちのひとつであるとする。

可能世界という概念を使えば、何かが必然であるとは、それがどの可能世界でも成り立つことであり、何かが可能であるとは、それがどれかの可能世界で成り立つことであると説明できる。また、何かが偶然であるとは、それがどれかの可能世界で成り立つが、どの可能世界でも成り立つわけではないことである。

物理的に必然だとか可能だとか言ったり、現実的に必然だとか可能だとか言ったりするように、必然性や可能性には種類がある。こうしたさまざまな種類の必然性・可能性を考えるには、可能世界の範囲を制限してやればよい。物理的必然・可能の場合には、可能世界の範囲を、現実の物理法則が成り立つ可能世界だけに限定して、そのように限定された可能世界のすべてで成り立つことを物理的必然、そうした可能世界のどれかで成り立つことを物理的可能だとしてやればよい。

「……でなくてはならない」とか「……であってよい」という義務様相も、可能世界の範

囲を制限することによって説明できる。可能世界の中で、そうあるべきこと——そうでなくてはならないこと——がすべて実現しているような世界だけを取り出して、考察の範囲をそうした可能世界に制限するのである。そうあるべきことがすべて実現されているなどということは、現実世界ではありえない——現実は、そうあってはならないことに満ちている——から、現実世界はこうした範囲からは除外される。現実世界が排除されるにもかかわらず、可能世界の範囲を、義務がすべて果たされているという意味で「義務論的に完全な世界」に限定することは、役に立たないわけではない。そうでなければならないこととは、義務論的に完全な世界のすべてで成り立つことであり、そうあってもよいこととは、義務論的に完全な世界のどれかで成り立つことであると説明することができるようになるからである。

「……でなくてはならない」は、ある範囲のすべての可能世界で成り立つという意味で、ある限定のもとでの必然性であり、「……であってよい」は、同様の限定のもとでの可能性であるとみなすことができる。(24)と(25)を見ると、こうした可能性を表現する文脈で「三個」は「三個以下」、必然性の文脈で「三個以上」という意味になっている。このことに注意したうえで、次の例を見てほしい。

(26) 車を運転するには十八歳である必要がある。
(27) 一日二千キロカロリー摂っても太らないでいられる。

(26) での「十八歳」は、十八歳以上と理解されるが、これは「……である必要がある」という、法律が遵守されているような可能世界のすべてで成り立つという意味で必然性タイプの様相的文脈のなかに現れている。他方、(27) の「二千キロカロリー」は、二千キロカロリー以下と理解されるだろうが、これは、「……であることは栄養学的に可能だ」という可能性タイプの様相的文脈に現れている。「歳」も「キロカロリー」も、第1章での助数辞の種類分けにしたがえば、分類辞ではなく、計量辞である。さらに、(27) で「二千キロカロリー」は、不可算の量化である。必然性型の文脈では「以上」という読みになり、可能性型の文脈では「以下」の読みになるということは、このように、可算の量化だけでなく、不可算の量化についても成り立つ。こうした一般化が、さらに、比例的な量化にまで及ぼすことができることは、次の例からわかる。

(28) 牛乳を半分飲まなければならない。
(29) 牛乳を半分飲んでもよい。

次章で説明するように、「半分」は比例的量化を表す数量名詞である。

結局「三人のこども」は何人のこどもを指すのか

ここまでの話をまとめると、こうなるだろう。すなわち、「三個のケーキを食べた」のような単純な文では、「三個」は、ちょうど三個を意味する。それに対して、こうした単純な文が、「……でなくてはならない」とか「……である必要がある」といった必然性タイプの文脈に埋め込まれるならば、「三個」は三個以上を意味し、「……であってよい」とか「……でありうる」といった可能性タイプの文脈に埋め込まれるならば、「三個」は三個以下を意味する。

「三人のこども」が三人以上を意味する典型的な例として挙げられたやり取り

A：三人のこどもに来てほしい。
B：三人のこどもなら隣の部屋にいる。

でも、Bの発言の「三人のこどもなら」は、「三人のこどもが必要ならば」という意味だか

ら、必然性タイプの文脈を構成する。したがって、これが、三人以上を意味することがわかる。しかし、先に出てきた

（23）三人のこどもがいる人は、控除が受けられる。

はどうなるのかと聞かれるだろう。この文は、「控除が受けられる」と言うのだから、可能性タイプの文脈を作っているのではないか。それなのに、ここに現れる「三人のこども」が、三人以上のこどもを意味するのはなぜなのだろうか。

この問いに対しては、（23）は実は多義的で二通りの解釈があると答えることができる。二つの解釈は、次のように述べることができる。

（23a）三人のこどもがいることが、控除を受けるのに必要だ。
（23b）三人のこどもがいても、控除が受けられる。

われわれの社会のように、こどもが多いほど、国からの補助が必要とされる社会では、（23）を（23a）のように解釈するだろうし、われわれの社会とは違って、働き手としての

こどもが少ない方が、国からの補助が必要だと考える社会では、（23b）のように解釈するだろう。（23a）は、控除を受けるために必要な条件を述べているのに対して、（23b）は、控除を受けることが可能な条件――より正確には、控除を受けることを不可能としない条件――について述べている。前者は必然性タイプの文脈であり、後者は可能性タイプの文脈である。前者で「三人のこども」は三人以上のこどもを意味し、後者では三人以下のこどもを意味する。これは、まさに、上で述べた通りである。

あとまだ、「三人のこども」や「三個のケーキ」が、必然性タイプの文脈では「三人以上」や「三個以上」と理解され、可能性タイプの文脈では「三人以下」や「三個以下」と理解される、そのメカニズムがどうなっているのかを説明することが残っている。しかし、これをわかりやすく説明するのは、とてもむずかしい。何度試しても、なかなか思うような結果にはならない。最大限がんばってみた結果をここに入れようと思ったのだが、わかってもらえるという自信がない。ここに引っかかってその先に進めなくなるといったことは避けたいので、これは本書の「付録」とすることにした。

要するにこれまで得られた結論とは、「三人のこども」は「ちょうど三人のこども」を意味するのであって、様相的文脈のなかで「三人以上のこども」や「三人以下のこども」を意味するようにみえても、そのために「三人のこども」の意味が変化すると考える必要は

ないということである。この結論がどうやって得られるのか、その仕組みが気になって仕方がないという方は、付録に挑戦していただきたい。

「三人以上のこども」

ずいぶんとおおげさだと思われただろうが、これで

（1）三人のこどもが笑った。

という文が真であるための必要十分条件——つまり、真理条件——が何であるかがわかったことになる。つまり、それは、三人の笑ったこどもがいて、この三人以外に笑ったこどもはいないということである。この最後の条件を、「この三人が、笑ったこどものうちで最大である」と言い換えておくと後で便利である。

具体的な例で説明しよう。さっちゃん、みっちゃん、まあちゃんの三人が笑ったとしよう。さっちゃん、みっちゃん、まあちゃんはみんな、こどもだから、三人の笑ったこどもがいる。しかし、これだけでは（1）が正しいと言うためには十分ではない。そこで、この三人が、笑ったこどものうちで最大だという条件がきいてくる。もしも、同様にこども

である、しーちゃんも笑ったのだとすると、三人にしーちゃんを加えた四人もまた笑ったこどもであり、四人の笑ったこどもがいれば、当然、三人の笑ったこどももいることになってしまうからである。しかし、さっちゃん、みっちゃん、まあちゃんの三人が、笑ったこどものうちで最大だということであれば、しーちゃんもまた笑ったという事態は排除される。よって、(1)が真であるためには、笑ったこどもは、三人より多くても、三人より少なくてもいけなくて、ちょうど三人いるのでなければならないことがわかる。

ところで、いまの説明に出てきた「三人より多く」、「三人より少なく」、「ちょうど三人」という言い方は、それ自体取り上げて論じるのに値する。こうした表現は、「三人」のような数量名詞の前後に来て、それと同様に、ある範囲の数量を表すはたらきをする。「より多く」と「より少なく」は数量名詞の後に来るが、「少なくとも」や「多くとも」は数量名詞に先立つ。「ちょうど」は、「ちょうど三人」のように前に来るだけでなく、「三人ちょうど」のように後に来ることもできる。

こうした表現は、三種類に分けられる。第一に、「三人より多く」、「三人より少なく」、「三人以上」、「三人以下」、「三人未満」のような表現がある。これらの表現はどれも三人を比較の対象とする表現である。第二に、「少なくとも三人」、「多くとも三人」、「たかだか三人」などといった表現がある。これらは、「三人」が最大もしくは最小の人数を与えること

を表す。最後に、「ちょうど三人」、「ほぼ三人」、「三人ほど」といった表現がある。これらは、「三人」が、正確なのか、それとも近似的なのかを伝える表現である。

第一の種類の表現に比較ということが含まれていることは、「より多く」と「より少なく」に明瞭である。「多い」「少ない」と限らず、「寒い」や「高い」といった形容詞、あるいは、「上だ」や「勤勉だ」といった形容動詞は、しばしば、「より〜」といった比較の形で使われる。そうした比較が表に現れていない場合でも、たいていは、何らかの標準と比較してそうだという意味である。つまり、「多い」や「寒い」は、「XはYより多い」とか「XはYより寒い」という具合に使われるのであって、論理学的に言えば、二つのもののあいだの関係を表す表現である。こうした形容詞や形容動詞が、人や物のもつ性質を表すと一般に考えられているのは、比較の対象となっているものが暗黙のうちに了解されていることが多いからである。たとえば、「このスーツは高い」と言う人は、そのスーツが、スーツの値段についての、あるいは、もの一般の値段についてのある標準よりも高いと言っているのである。

いま取り上げている種類の表現では、「三人より多く」のように、比較の対象が明示的に現れている。「XはYより多い」のYが「三人」に置き換えられて、「Xは三人より多い」という、複数の対象、あるいは、複数的対象に適用される述語になっているわけである。

この表現では、比較の対象は、「より」という格助詞によってマークされているが、「三人以上」や「三人以下」では、「上」と「下」が「多く」と「少なく」と同様に比較関係を表すのに、比較対象は格助詞によってマークされてはいない。しかし、「以」が「より」と同じようなはたらきをしていることは、「以前」や「以北」のような表現を見ると推測がつく。

「三人以上」が現れる文を考えよう。先に挙げた（21）がその例である。

（21）三人以上のこどもが笑った。

（1）がどのようなときに正しいかについての結論を、これにあてはめて考えると、この文は、「三人以上のこども」という複雑な条件と「笑った」という単純な条件の二つを満足する複数の対象（あるいは複数的対象）が存在し、しかも、この対象が、二つの条件を満足するもののうちで最大のものであるとき正しい。複雑な方の条件を分解すれば、それは「三人以上」という条件と、「こども」という条件になる。したがって、「三人以上」という条件を満足するとはどういうことかを明らかにすればよい。

ある複数のものが「三人以上」であるということは、「三人」という条件を満足する複数

のものに対して、「以上」で表される関係に立つということである。複数のものや複数的対象を認めることで、この関係は、対象のあいだの関係として理解することができる。複数のもののXが別の複数のもののYに対して「以上」という関係に立つとは、XはYを部分として含むということである（ただし、「部分」という言葉のふつうの使い方とは違うが、あるものの部分には、そのもの自身も含まれると取り決めておく）。複数のものどうしのあいだの関係だと考えるならば、さっちゃん、みっちゃん、まあちゃん、しーちゃんの四人は、そのなかに、さっちゃん、みっちゃん、まあちゃんを部分として含む。複数的対象のあいだの関係だと考えるならば、複数的対象［さっちゃん⊕みっちゃん⊕まあちゃん⊕しーちゃん］は、その部分として別の複数的対象［さっちゃん⊕みっちゃん⊕まあちゃん］を含む。

そうすると、「三人以上のこども」を満足するものは、三人のこどもを部分としてもつこどもであるということになる。

（1）三人のこどもが笑った。

が正しいための条件は、三人笑ったこどもがいて、この三人が、笑ったこどものうちで最大であることであった。ここの「三人」を「三人以上」とすれば、（21）が正しいための条

件は、三人以上の笑ったこどもがいて、この三人以上の笑ったこどもが、笑ったこどものうちで最大であるということになる。ついいま示したように、「三人以上」とは、三人から成る複数のもの（複数的対象）を部分としてもつことである。

以上をまとめると、(21)が正しいための条件は、三人から成る複数のもの（複数的対象）を部分としてもつ笑ったこどもがいて、このこどもが、笑ったこどものうちで最大であるときだということになる。ところで、いまの場合、「このこどもが、笑ったこどものうちで最大である」という条件は自動的に満足され、さらに「三人から成る複数のものを部分としてもつ笑ったこどもがいる」ということは「三人の笑ったこどもがいる」と同値になるから、これはもっと簡単に、(21)が正しいための条件は、三人の笑ったこどもがいるということになる。これは、(1)が正しいための条件として、この章の73頁で最初に考えたものと同じである。つまり、それは、(1)ではなく、(21)が正しいための条件だったということである。

(30) 三人より多くのこどもが笑った。

が真となるための条件も同様にして導き出すことができる。ただし、この場合は、「より多

く」という関係が、複数のものXと複数のものYのあいだに成り立つのは、XがYを、ただの部分としてではなく、「真部分」としてもつという事実を用いる。ただし、YがXの「真部分」であるとは、Yは、Xの部分であるが、Xと同じではないということである。

そうすると、(30)は結局、

(31) 四人以上のこどもが笑った。

と同値である。

「三人以下のこども」

(21)の「三人以上」を「三人以下」に代えた文

(32) 三人以下のこどもが笑った。

を考えよう。

「三人以下」は、比較の対象が「三人」と明示的に現れている点で、「三人以上」と同じ

だが、論理的には大きく違った振る舞いをする。「三人以上」、「三人より多く」などが単調増加の量化表現であると言われるのに対して、「三人以下」、「三人より少なく」、「三人未満」などは、単調減少の量化表現であると言われる。こうした種類の表現が現れる文が、どのような場合に真であるかを説明するには、直接的と間接的という二つのやり方がある。

直接的なやり方は、先に「三人以上」について行ったのと同じようにすることである。つまり、ある複数のもの（複数的対象）が「三人以下」であるということは、「三人」という条件を満足する複数のもの（複数的対象）に対して、「以下」で表される関係に立つということである。そして、複数のもの（複数的対象）Xが別の複数のものY（複数的対象）に対して「以下」という関係に立つとは、YがXを部分として含むということである。「三人以上のこどもが笑った」が真となるための条件を、「三人のこどもが笑った」という文のためのものから引き出したのと同じように考えれば、(32)が真であるための条件は、三人から成る複数のもの（複数的対象）の部分である笑ったこどもがいて、このこどもは、笑ったこどものうちで最大のものである、となる。

「三人以上の」のときの「三人から成る複数のもの（複数的対象）を部分にもつ」が、ここでは、関係が逆になって、「三人から成る複数のもの（複数的対象）の部分である」となっているだけである。「三人以上」の場合と違い、ここでは「最大である」という条件を落と

すことはできない。この条件がなければ、笑ったこどもが三人より多くいても(32)は真だということになってしまうからである。

(32)が真であるための条件を与えるもうひとつのやり方、間接的なやり方とは、「三人以下」と反対の意味をもつ表現「三人より多く」(「四人以上」)を含む文の真理条件から、(32)のそれを引き出すやり方である。つまり、(32)は、

(33) 三人より多くのこどもは笑わなかった。

と同じことを言っていると考え、(33)は、

(34) 三人より多くのこどもが笑った。

の否定であることに気が付けば、「三人より多く」を含む文の真理条件はわかっているのだから、それから(32)の真理条件は出てくる。

このやり方で出てくる真理条件は、ごく単純で、笑ったこどもが四人いることはないということである。この条件が、四人のこどもが笑ったという事態だけでなく、たとえば、

五人のこどもが笑ったという事態も排除することは、次のように考えればわかる。いま仮に五人のこどもが笑ったとしよう。そうすると、このうちの四人も、こどもであるという条件と、笑った条件の両方を満足する。しかし、そうした四人の存在は否定されているから、五人のこどもが笑ったという仮定は退けられる。同様の議論は、四人より多いどの人数についても繰り返すことができるから、「笑ったこどもが四人いることはない」は、笑ったこどもが三人以下であると言っているのにひとしい。

直接的と間接的と、「三人以下のこども」を含む文（32）の真理条件を引き出す二つの仕方は、じつは同じ真理条件を与えてはいない。なぜならば、間接的なやり方で引き出された条件によれば、笑ったこどもがだれもいないとき、（32）は真となるのに、直接的なやり方で出てきた条件によれば、笑ったこどもがだれもいなければ、（32）は偽となるからである。

どちらの方が正しいだろうか。たしかに、（32）を聞いた人は、笑ったこどもは少なかったんだなと思うだろう。その後で、じつは、どのこどもも笑わなかったと聞かされたら、この人はどう思うだろうか。（32）と言ったひとに「うそを言われた」と怒るだろうか。それとも、「そうか、たしかに、三人以下ではあるな」と思って納得するだろうか。問題は、（32）はまちがいだから、そう言った人は発言を撤回しなければならないと考えるか、それ

とも、(32)はまちがいではないけれども、ミスリーディングだったと考えるかである。

この点は、専門家のあいだでも意見が分かれる。私個人は、どのこどもも笑わなかったという状況で(32)を言うことはミスリーディングではあるが、事実に反することを言ったわけではないと考える。私がそう考えるひとつの理由は、

(35) 三人以下のこどもが笑った。だれも笑わなかったかもしれない。

という具合に、(32)が続けられても、とくにおかしくはないように感じられるからである。どのこどもも笑わなかったということを知っていて、(32)と言うのは、言葉のやり取りにあたっては、特別の理由のない限り、自分の知っている範囲の情報を出し惜しみしないという一般原則に反する。したがって、(32)の発言を聞く人は、何人かこどもが笑ったのを話し手は知っているが、その正確な人数は知らないんだなと考え、笑ったこどもはいたのだなと推論する。こうした推論の結果として得られるものを「会話の含み」と呼ぶ。これもまた、第1章で名前が出てきた言語哲学者グライスに由来する概念である。会話の含みのひとつの特徴は、「そうした含みがあると思うだろうが、そうした含みはない」と、明示的にキャンセルできることである。(35)でなされているのは、まさに、それである。

この話題を離れる前に、ひとつだけ述べておきたい。この間ずっと、(32)は何か変な文だと思われていた読者が、ひょっとするといるかもしれない。実際、(32)はあまり自然な文ではない。少なくとも(32)より自然なのは、

(36) 三人以下のこどもしか笑わなかった。

のように「しか……ない」といった否定表現を用いた文だろう。「三人以下」は、この次に出てくる「多くとも三人」とともに、単調減少の量化表現とされるが、こうした種類の表現は、否定的な文脈でもっとも自然に感じられるということが知られている。こうした否定を好む表現は、「否定極性表現(NPI――negative polarity item)」と呼ばれ、論理的にも興味深いのだが、残念ながら、本書では取り上げることはできない。

「多数のこども」と「少数のこども」

これまでに取り上げた表現「三人」、「三人以上」、「三人より多く」、「多くとも三人」などは、論理学のなかでの量化の取り扱いでは、「数的量化子」と呼ばれ、論理学における標準的な道具立てだけで定義することができる。もちろん、こうした論理学での取り扱いで

は、日本語のような自然言語での数表現がもつさまざまな問題、たとえば、「少なくとも三人」と「三人以上」のあいだに意味上の違いがあるかといった問題は、完全に無視される。しかしながら、これらの表現の意味の中核的部分は、論理的な道具立てだけで説明することができる。

複数のもの、もしくは、複数的対象について言われる複数述語として、これらの表現を扱う本書での立場でも、この点は変わらない。つまり、複数論理という、現在の論理学の標準理論を拡張した理論のなかでの論理的道具立てを使って、「三人」、「三人以上」、「多くとも三人」といった表現の意味を与えることができる（これまでしてきたのと同様に、分類辞として「人」を使うか「個」を使うかは、論理的な違いをもたらさないと考える）。よって、こうした表現は、論理的量化子である。

これに対して、「多くの」、「多数の」、「少数の」、「大勢の」などは、論理的量化子を表すものではない。その理由は、これらの表現の意味が、それが使われる経験的な文脈ごとに変化するからである。先にみたように、形容詞や形容動詞の多くについては、その意味が、何らかの標準との比較を含む。そうした比較は明示的に現れている場合もあれば、文脈によって了解されていて表には現れない場合もあることも、その際に指摘した。いま挙げた表現はすべて、形容詞もしくは形容動詞である。「三人より多くのこども」のような、比較

の対象が明示的に現れている場合はすでに扱った。こうした比較が明示的に現れていない場合が残っている。そこで、次の文を考えよう。

（37）多くのこどもが笑った。

この文で「多くの」は単独で現れていて、何人より多いとは言われていない。よって、それが意味するのは、それが使われる文脈での標準の人数より多くということである。この標準の人数は、文脈によって大幅に変化しうる。たとえば、千人を超える観衆のいた催しについての報告のなかに（37）が現れれば、笑ったこどもは、少なくとも百人を超えていなければならないだろうが、百人程度の集まりについての報告のなかならば、笑ったこどもが十人を超えているだけで、（37）は適切だと判断されるだろう。

単独で現れる「多く」は、このように比較の対象が文脈によって異なるけれども、そうした標準より多くということであるから、（37）は、

（38）二人より多くのこどもが笑った。

の「二人」の部分を、そうした標準に置き換えたものだとみなすことができる。したがって、(37)が真であるための条件は、そうした標準よりも多くの笑ったこどもがいるということになる。よって、「多く」は、「三人より多く」や「三人以上」と同じく、単調増加の量化表現である。

どういう理由かは検討していないが、「*少なくのこども」という言い方はないが、「少数のこども」という表現の意味を、「三人よりも少数のこども」といった表現の意味にならって与えられることは明らかだろう。

(39) 少数のこどもが笑った。

が真であるための条件を与えるのには、「三人以下のこども」を含む文(32)の場合のときと同様、直接的と間接的なものと二つある。先に101頁以下で述べたような理由から、間接的なやり方の方に分があると私は考えるので、(39)についても、そちらを採用しよう。そうすると、(39)が真であるための条件は、(39)の発言の文脈において、ある標準とされる数があり、笑ったこどもがそうした数だけいることはないというものになる。

不可算量化の場合

ここで扱ったのは、数量名詞による量化のなかでも、「こども」や「猫」のような可算名詞によって指される対象に関してなされ、しかも、何らかの全体との比較でどれだけあるかではなく、それ自体でどれだけあるかを述べる種類のものである。つまり、比例的でない可算の量化である。この章の最初でも述べたように、数量名詞による比例的でない量化には、「水」や「砂」のような不可算名詞で指される対象に関してなされるものもある。たとえば、次のような文が、そうした量化の例である。

(40) 三リットルの水がこぼれた。
(41) 三リットルより少ない水がこぼれた。
(42) たくさんの水がこぼれた。

それぞれの文に対応する可算の量化が何であるかは、簡単に見当がつくだろう。(40)は「三人のこども」で始まる(1)に、(41)は「三人より少ない」という単調減少の量化表現を含む文に、そして、(42)は「多くのこども」から始まる(37)に対応する。もうひとつ見当がつくことは、(40)-(42)のあいだの関係が、それに対応する可算の量化を含む文ど

うしの関係と同様であることである。もしもこれが正しければ、(40)のような文の意味がどのように決まるのかが説明できれば、他の文の意味の説明も与えることができる。(40)のような文の意味の理論的な説明のために必要なことは

(43) 水がこぼれた。

といった、不可算の名詞を含む単純な文の意味についての理論である。これは、第1章で取り上げた文

(44) こどもが笑った。

のように、単数でも複数でもありうる可算名詞を含む単純な文の意味についての理論、つまり、複数的対象についての理論、あるいは、複数のものを扱う論理(複数論理)に比較される理論が、不可算の領域に関して必要であることを意味する。

複数性の取扱いについて二種類のアプローチがあるのと同様、不可算の領域に関する指示や量化に関しても二種類のアプローチが考えられる。ひとつは、不可算的対象の存在を

認めるやり方である。通常の対象と複数的対象の両方から成る構造を仮定することによって、単数と複数の場合の両方を扱えるようにしたのと同様に、この構造のなかに、分割されれば同じ種類ではありえない対象――一匹の猫は分割されれば、もう猫ではない――と、分割されても同じ種類であり続ける対象――一定量の水は分割しても水である――の両方を仮定することによって、複数性と不可算性の両方を扱えるようにするのが、こうしたアプローチである。

もうひとつのアプローチは、複数性を扱うために論理学における標準理論を拡張して複数論理を作ったように、不可算性を扱うための新しい論理を作ることである。複数論理を支持する哲学者が、複数的対象を認めるアプローチに反対する主要な理由は、このやり方では、複数であるということを真剣に受け止めることにはならないという点にある。複数であるということは、単数ではないということである。複数的対象は、「複数的」と称してはいるが、実際には、ある複雑性をもつ単一の対象にすぎない。これは、複数性をその反対のものにすりかえているというのである。不可算的対象の導入というアプローチにも、これとまったく同様の反論を提起することができる。

このどちらかのアプローチによって、(40)の意味論を与えることができたとしても、(41)や(42)のような文の意味論のためには、不可算的なものの領域を測る尺度を与えて

やらなくてはならない。可算の領域は、「ひとり、ふたり」や「一個、二個」と数えることのできる対象から成っていたから、その「大きさ」を与える尺度がもともと備わっていた。それに対して、不可算の領域の「大きさ」を測る尺度は、外的に与えてやらなければならない。この尺度は、容器を表す可算名詞と単位形成辞もしくは分類辞の組み合わせから成る「小匙三杯」や「大瓶三本」といったものであってもよいし、「リットル」や「グラム」のような計量辞によるものであってもよい。

この二つのことができれば、あとは、可算の場合とのアナロジーで、不可算の量化を扱うことができるだろうというのが、私の予想であるが、必ずしもそうはいかず、思いがけない困難に出会うということもあるかもしれない。いずれにせよ、興味深い展望が待ち受けていることはまちがいない。

この章のまとめ

この章の要点は、つぎの四つにまとめられる。

- 日本語における量化には、「三人」や「ほとんど」といった数量名詞によって表現さ

れる量化と、「だれ、どれ、どの〜」といった不定詞と「も」と「か」の組み合わせによって表現される量化がある。後者はすべて可算量化であるが、前者には可算量化と不可算量化の両方があり、そのどちらにも、比例的でない量化と比例的な量化とがある。

- 比例的でない数量名詞は、複数のもの、もしくは、複数的対象に適用される複数述語である。とくに、「三人」は、ちょうど三人のもの（人）にあてはまる複数述語である。文脈によって、「三人」は、三人以上の人、あるいは、三人以下の人にあてはまるようにみえるが、これは見かけにすぎない。
- 比例的でない量化表現には、「三人より多く」や「三人以下」といった比較を含む表現、「少なくとも三人」や「多くとも三人」といった上限もしくは下限を表す表現、「ちょうど三人」や「おおよそ三人」といった表現、それに、「多数」や「少数」といった文脈によって異なる範囲の複数のものを指す表現がある。
- ここで扱ったような量化はすべて、それに対応するものが、不可算の領域を対象とする場合にもある。

第3章

「大部分のこどもが笑った」

比例的な数量名詞

数量名詞のなかでも、「大部分、半分、一部、全部」や「三分の一、三割、三十パーセント」などは、「大勢」や「三人」などとは違って、ある全体のなかのどれだけの部分が、与えられた条件を満足するかを述べるために用いられる。たとえば、次のような文で「大部分」は、そうしたはたらきをしている。

（1）大部分のこどもが笑った。

この文は、第2章で扱った

（2）三人のこどもが笑った。

とよく似た形をしているから、その意味もまた同じような仕方で与えられると考えやすい。つまり、「三人」、「こども」、「笑った」という三つの条件を満足するものがあり、それは、「こども」と「笑った」という二つの条件を満足するもののなかで最大であるというのが、（2）が真であるための必要十分条件であったのと同様に考えればよいというのである。

そこで、さっそくそうしてみよう。まず、「大部分」、「こども」、「笑った」という三つの条件を満足するものがあると考えよう。しかし、さっそくここでつまずくことになる。だれが「こども」という条件、また、「笑った」という条件を満足するかはわかるだろう。さらに、「こども」と「笑った」との両方の条件を満足する者が何人いるかも、わかったとしよう。しかし、それが「大部分」であるというのは、どうやってわかるのだろう。まず、何の大部分なのだろうか。日本語がわかる人である限り、それが、こどもの大部分であることはわかる。そうすると、笑ったこどもがこどもの大部分であることを知るためには、笑ったこどもの数だけでなく、こども全部の数も知る必要がある。

この点に、「三人」のような数量名詞と「大部分」のような数量名詞とのあいだの決定的な違いがある。(2)が正しいかどうかを知るためには、「こども」と「笑った」という両方の条件を満足するものがどれだけあるかを知るだけでよい。こどもの全体が何人いるかを知る必要はない。それに対して、(1)が正しいかどうかを知るには、そこで話題になっているこどもが全体で何人なのかを知ることが絶対に必要である。それと比較してどれだけなのかが問題だからである。こうした数量名詞を「比例的」――「比率的」の方がもっとぴったりするという意見もあるかもしれないが、ここでは「比例的」としておく――と名付けた理由である。

「多数のこども」と「こどもの多数」

「大部分」のような数量名詞による量化のことを「比例的な量化」と呼ぶ。比例的な量化と比例的でない量化との違いは、「多数」という同じ数量名詞を使っている次の二つの文から、見て取ることができる。

（3）多数のこどもが笑った。
（4）こどもの多数が笑った。

（3）は前の章でも出てきたが、それが発言されるコンテキストで決まる、ある数よりも大きい数のこどもが笑ったならば真であり、そうでなければ偽である。それに対して（4）はどうだろうか。この場合の「多数」とは、ここで話題になっているこどものなかでの多数という意味である。したがって、次のように言うことに矛盾はない。

（5）こどもは多くなかったが、その多数が笑った。

こどもが多数でなかったならば、その多数が笑ったとしても、（3）、すなわち「多数のこどもが笑った」と言うことはできない。しかし、（4）と言うことはできることを（5）は示している（「多く」と「多数」とを使い分けているのは、前半で「多数」と言うと、後半の「その多数」がそれを指すと読まれるおそれがあるだけで、「多数」なら必ず比例的で、「多く」ならばそうでないというわけではない）。

「多数」と「少数」は、比例的でない量化を表す場合と、比例的な量化を表す場合とで、異なる意味をもつ、多義的な数量名詞である。どちらであるかは、それが文の中で現れる場所からわかる。「多数」は、（3）では、「の」を伴って「こども」の前に現れているのに対して、（4）では逆に、「の」を伴った「こども」の後に現れている。（4）のような「多数」の現れ方は、比例的な数量名詞だけに許される現れ方である。前章で見たように、「三人」のような比例的でない数量名詞は、次のように三通りの仕方で文に現れることができる。

（2）三人のこどもが笑った。
（6）こども三人が笑った。
（7）こどもが三人笑った。

比例的な「大部分」で、これと同じような文を作ってみると、次のようになる。

（1）大部分のこどもが笑った。
（8）?・こども大部分が笑った。
（9）こどもが大部分笑った。

となる。（8）に「?・」という印が付いているのは、文法的に誤りとまでは言えなくとも、不自然な文であることを意味する。「こども全員が笑った」がまったく問題ないと判定されるといった例外はあるが、比例的な数量名詞の多くで、類似の文は（8）と同様に不自然である。

（8）のような文が一般に正しくない代わりに、比例的な数量名詞は、次のような仕方でも文に現れることができる。

（10）こどもの大部分が笑った。

（1）は（2）と同じく

（A）数量名詞＋「の」＋一般名詞

という組み合わせの例であるが、（10）には、比例的な数量名詞のみに可能な組み合わせ

（B）一般名詞＋「の」＋数量名詞

が現れている。（4）も同様の例である。この組み合わせが比例的でない数量名詞に不可能であることは、

（11）＊こどもの三人が笑った。
（12）＊こどもの三人以上が笑った。

が、意味を取ることはできても、文法的におかしな文であることからわかる。数量名詞に「以上」や「少なくとも」のような修飾句がついていても、それが比例的な数量名詞である

ならば、次の例が示すように、(A)だけでなく、(B)という組み合わせも可能である。

(13) こどもの半分以上が笑った。

(14) こどもの少なくとも半分が笑った。

(12) は、これが、比例的でない数量名詞には成り立たないことを示している。

「大部分」は二項の述語である

いま見たように、文中で「大部分」が現れることのできる場所は四通りある。そのなかで比例的な数量名詞に特有なのは、それが(B)というパターンで現れる

(10) こどもの大部分が笑った。

のような場合であった。この文は次の文と多くの共通点をもっている。

(15) こどもの先生が笑った。

この文の「こどもの先生」は、一般名詞と一般名詞とが「の」で結合された形の名詞句である。この名詞句が全体として指すのは、「こども」によって指される、ひとりでも複数でもよい人と、「その先生である」という関係に立つ、これも、ひとりでも複数でもよい人である。つまり、「先生」という名詞が使われるときには、それが「だれの先生」であるかが了解されていなければならない。このような名詞を「関係名詞」と呼ぶ。

ただし、「先生」は、「だれの先生」であるかの了解を必要としないかたちで使われる場合もある。だれを教えたのかもわからず、そもそもだれかを教えたことがあるのかもしらない人をつかまえて、「先生」と呼ぶのは、世の中ではふつうのことのようである。こうした使われ方をしている「先生」は、関係名詞ではない。

これとはだいぶ違うが、ここでひんぱんに出てきている「こども」には、じつは二通りの使い方がある。ある年齢以下の人や動物を指す使い方と、「だれのこども」ということの了解を必要とする使い方である。前者の意味での「こども」は関係名詞ではないが、後者は関係名詞である。前者を「こども」の絶対的用法、後者を「こども」の相対的用法と呼ぶこともできよう。

こうした多義性は、「こども」と限らず、「おじさん」、「おばさん」、「おじいさん」、「お

ばあさん」といった名詞にも存在する。絶対的な「おじさん」や「おばさん」であるためには、甥や姪がいる必要はないのである。ついでに断っておくが、本書の例文での「こども」はすべて絶対的な「こども」のつもりである。

脱線したように思われたかもしれないが、必ずしもそうではない。しかし、とりあえず本題に戻ろう。(15)の「こどもの先生」とまったく同様に、(10)の「こどもの大部分」という名詞句が全体として指すのは、「こども」によって指される、ひとりでも複数でもよいもの(人)と、「その大部分である」という関係に立つ、この場合はたぶん複数のもの(人)である。「大部分」という数量名詞についても、それが使われるときには、それが「何の大部分」であるかが了解されていなければならない。要するに、「大部分」は「先生」と同様の関係名詞である。

日本語の「こども」は、論理学での通常の述語とは違って、ひとりひとりのこどもだけでなく、複数のこどもをも指す、複数述語である。それでもなお、「こども」は、単一の対象や複数の対象が、こどもという性質をもつかどうかによって適用されるかされないかが決まる述語である。それに対して、「先生」――呼びかけの際に使う「先生」ではなく、「だれかの先生」であることが必要な意味での「先生」――という関係名詞は、だれかとだれかが、一方が他方の先生であるかどうかによって、あてはまったり、あてはまらなかったり

する。いま「だれかとだれか」と言ったが、この「だれか」は、どちらの場合でもひとりである必要はない。たとえば、

(16) 田中さんと山田さんは、さっちゃんとみっちゃんとまあちゃんの先生だ。

という文の正しさは、「先生」が、田中さんと山田さんの二人と、さっちゃん、みっちゃん、まあちゃんの三人について、前者が後者の先生であるかどうかによって決まる。つまり、「先生」のような関係名詞は、複数的対象のあいだ、あるいは、複数の対象のあいだで、ある関係が成り立つかどうかによってその適用が決まる述語である。

「こども」と「先生」のあいだのこうした違いは、論理学での言い方を使えば、前者が一項の述語であるのに対して、後者は二項の述語であるという具合に表現できる。「先生」という二項の述語から、だれの先生であるかを明示した「さっちゃんとみっちゃんの先生」とか「こどもの先生」という表現を作ることができる。このような表現は、もはや関係ではなく、性質を表す——田中さんと山田さんは、さっちゃんとみっちゃんの先生という性質をもっているが、佐藤さんはこの性質をもたない——ので、一項の述語である。こうした操作を、関係名詞「先生」を関係項で補填《ほてん》すると言う。この操作によって、二項の述語

は、項をひとつ減らして、一項の述語になるわけである。

「こども」――ただし、絶対的な意味での――と「先生」――ただし、呼びかけの言葉でない――とのあいだの、こうした対比は、どちらも数量名詞である「三人」と「大部分」のあいだにある対比と同じである。「三人」は一項の述語であるのに対して、「大部分」は関係名詞として二項の述語である。そして、「何の大部分」であるかを明示するために「大部分」の関係項を補塡した「こどもの大部分」という名詞句は、「こどもの先生」と同様に、一項の述語である。

「の」の意味論(1)――性質を導入する「の」

「先生」や「親」といった関係名詞は二項の述語であるが、だれの先生であるかとか、だれの親であるかが明示されることによって、一項の述語になる。関係名詞がこうした形で現れる場合、それは関係項を伴って現れると言われる。(16)で、関係名詞「先生」はさっちゃんとみっちゃんとまあちゃんの先生という形で現れているが、ここで「先生」の関係項となっているのは、さっちゃんとみっちゃんとまあちゃんである。

数量名詞「大部分」も関係名詞である。よって、それが現れる

(10)こどもの大部分が笑った。

で、「こども」は、その関係項となっている。ここで注目したいのは、どちらでも、関係項が助詞「の」を伴っていることである。ラッセルという哲学者は、後に「記述の理論」と呼ばれるようになった説を、二十世紀の初頭に提出して、その後の哲学に大きな影響を与えた哲学者である。第1章で問題にした「確定／不確定」という区別が重要であると考えられるようになった理由のひとつは、かれの「記述の理論」にある。

そのラッセルが、第一次大戦中に反戦運動を行ったせいで逮捕されて収監されていたあいだに書いた『数理哲学序説』という本がある。この中でも記述の理論について書かれた章（第十六章「記述」）がある。その章の冒頭でラッセルは、「本章では単称の意味での定冠詞『the』について、次の章では複数の意味での定冠詞『the』について考えよう」と述べ、「この言葉は哲学的傾向のある数学者にとって非常に重大な意味をもつものであるから、私は単に今のように牢獄内にある時ばかりでなく、ちょうどブラウニングの作の中に現れる文法家が連接語δεに対してなしたと同様に『腰から下が冷たくなって死ぬまでも』この言葉の理論を研究したいと思う」と書いている。

日本語に定冠詞はないが、日本語の「の」は、「the」についてと同じくらい、それにつ

いて考える価値がある言葉かもしれない。一般に、「の」は、名詞と名詞を接続するために用いられる表現だとされているが、単にそれだけではなく、意味上のはたらきによって、いくつかの種類に分けられる。私はいま牢獄に入っているわけではないし、ラッセルのように、そのためにまるまる二章を割くわけでもないが、「の」の理論に、ここで、せめていくらかの頁を割いておきたい。

第二章の初めの方で、「三人のこども」は、「オレンジ色の車」や「楕円形のテーブル」といった名詞句と同様の構造をもっていて、ここに現れる「の」は、それに続く普通名詞が指すものを形容するはたらきをすると述べた。この種類の「の」は、益岡隆志・田窪行則『基礎日本語文法――改訂版』(二六頁)で、名詞と結合して述語を作るはたらきをもつ判定詞「だ」の連体形とされている「の」である。

この種類の「の」に先行する名詞句は、その後に来る名詞句によって指される人や物のもつ性質を表す。次はすべて、そうした例である。

(a) 濃いピンク色のシャツ　(b) 円形の広場
(c) 3000グラムの赤ん坊　(d) 北海道産のアスパラガス
(e) 十五歳の少女　(f) 昭和生まれの日本人

この例を見ると、(a) 色、(b) 形、(c) 重さ、(d) 産地、(e) 年齢、(f) 年代など、さまざまであるが、すべて後続する名詞が指すものの性質であることはたしかである。いま挙げた例はすべて、複数の人やものにあてはまる場合でも、それを構成する個別の人やものにもあてはまる――たとえば、「十五歳の少女」で複数の少女を指しているならば、「十五歳の」は、そうした複数の少女のひとりひとりを形容する――という意味で、「分配的な」性質であるが、複数の人やもの全体についてだけ適用できる「集合的な」性質を「の」を介して適用することもできる。そのもっとも重要な例が、複数の人や物の数や量を指すために数量名詞を使う場合である。

(g) 三人のこども
(h) ごく少数の読者
(i) 全部で十キロの荷物

現在の論理学の標準理論を作ったフレーゲは、色や形や重さといった性質と異なり、数はものの性質ではないと主張した。だが、フレーゲのこうした主張は、かれの論理学では

複数のものが全体として性質をもつようなことを認めていないために出てきたものである。
フレーゲが自分の論理学にこうした制約を設けたことには、フレーゲにとってもっともな理由があり、また、歴史的に見た場合も、正しい方針であったと言えるので、私には、フレーゲを非難する気持ちは毛頭ない。しかし、標準理論だけが論理学の唯一正しい理論であり、それによって扱うことのできない語法があるからといって、たとえば、日本語は「非論理的だ」と非難することは、まったくの誤りである。

だが、説教はこれぐらいにして、話を戻せば、性質を表す名詞に付加される「の」を、「だ」の連体形と考えることがもっともだと思われるのは、この名詞に「だ」を続けることで、いわゆる名詞述語が作られるという事実があることである（ここでの「述語」は文法的な述語の意味であって、論理学での意味では、名詞のままでも述語である）。(a)－(i)のすべてについて、そうした名詞述語を作ることができる。ここでの話題にいちばん関係あるのは、次のような文に現れる、数量名詞から作られた述語である。

(17) 笑ったこどもは三人だ。
(18) 読者はごく少数だ。
(19) 荷物は全部で十キロだ。

「の」の意味論(2)——関係項を表示する「の」

「の」のもうひとつの使い方に移る。これまで論じてきた「の」の使い方が、「の」の前に来る名詞の性格に依存していた——それは、人やものの性質を表す名詞である——のに対して、これから論じる「の」の使用は、「の」の後に来る名詞の性格に大きく依存する。すなわち、「の」に後続する名詞は、関係項を必要とする関係名詞である。つまり、「の」のもうひとつの用法は、後続する関係名詞の関係項を指す名詞を表示するものである。こちらの「の」は、助詞として、文法的にも別のカテゴリーに分類されている(益岡・田窪、五一頁)。

関係名詞の典型は、「親」、「子」、「母親」、「父親」、「姉」、「弟」など親族関係を表す名詞と、「先生」、「生徒」、「同僚」、「上司」といった社会的関係を表す名詞である。こうした名詞の前に来る「名詞+の」が、関係項を表していることは、次の例から明らかだろう。

(j) こどもの先生

(k) 田中さんの同僚

ここで、「田中さん」のような固有名詞が「の」の前に現れていることに注意しよう。特定の人やものも、関係項となれるからである。動詞は一般に、動作の主体や対象や受け手といったものを必要とし、こうしたものも動詞の「項」と呼ばれる。したがって、動詞から派生した名詞もまた、もともとの動詞の項を、その関係項として必要とする。たとえば、「勉強する」という動詞は、「誰が」と「何を」を項として必要とする。そこで、この動詞から派生した名詞「勉強」は項を二つ取ることができる。次の例をみてほしい。

(20) こどもの勉強をみた。
(21) 算数の勉強をみた。
(22) こどもの算数の勉強をみた。

「こどもの」と「算数の」は、「勉強」の関係項を表示している。(20)と(21)のように、関係項のひとつだけが補填されている場合も、(22)のように、両方とも補填されている場合もあることがわかる。

この種類の「の」に後続する名詞が関係名詞ではないにもかかわらず、何らかの関係が隠されていて、「の」に先立つ名詞句がその関係項になっているという場合もある。次の文

に現れる「の」を含む名詞句は、そのような例である。

(23) こどもの手が挙がった。
(24) しーちゃんの声が聞こえた。
(25) まあちゃんの本を読んだ。

からだの部分を指す「手」、「足」、「顔」のような名詞は、関係名詞に分類すべきかどうかはともかく、「だれの」という補足が必要なことが多い。(23) がその例である。「声」は、からだの部分ではないが、(24) が示すように、「だれの」という補足が必要な点では、同じである。

(25) は、興味深い例であるだけでなく、こうした言い方なしでは、日常の会話が成り立たないほど、ひんぱんに出会うものとして、重要なものである。「本」は関係名詞ではないが、「まあちゃんの本」に現れている「の」は、この句のなかに何らかの関係が隠されていることを示唆している。この関係としては、さまざまなものが考えられる。すぐ思いつくだけでも、「まあちゃんが持っている本」、「まあちゃんが書いた本」、「まあちゃんについて書かれた本」、「まあちゃんが面白いと言っていた本」という具合に、いくつも挙げるこ

とができる。どれであるかは、(25)が使われるコンテキストからわかる場合も、(25)を使った人に聞いて初めてわかる場合もあるだろう。いずれにせよ、「の」に先立つ「まあちゃん」が、こうしたさまざまな関係にとっての関係項となっていることは共通している。

ここまで見てきたように、「の」には、人や物の性質を表す名詞句を、そうした性質をもつ対象を指す名詞句に接続するはたらきをもつ「の」と、関係名詞にその関係項を付加する「の」とがある。文法的にも、前者は判定詞「だ」の連体形、後者は助詞という具合に区別される。しかし、これ以外の「の」もあることは確かである。たとえば、次の二つの文に現れる「の」は、名詞句を名詞句に接続するものではないから、明らかに、ここで扱った「の」のどちらとも違う。

(26) こどもがころんだのを見た。
(27) 映画ははらはらするのがいい。

(26)の「の」は、同じような使い方をされる「こと」と一緒に形式名詞とされる。(27)の「はらはらするの」は、「はらはらする映画」と同じ意味で、「の」は名詞「映画」の代用となっている。どちらの「の」も、それぞれに言語学的および哲学的におもしろい問題

を提起する。こうした「の」をいちおう脇に置くとして残る問題は、名詞句を名詞句に接続する「の」はすべて、性質を提示する「の」、あるいは、関係項を表示する「の」だと言えるかである。興味をもたれた読者はぜひ考えてみられるとよい。

「こどもの大部分」の「の」と「大部分のこども」の「の」

日本語の数量名詞は、名詞一般がそうであるように、論理学では述語として扱われる。しかし、数量名詞のなかには、「三人」のように、比例的でない量化に用いられるものと、「大部分」のように、比例的な量化に用いられるものがある。この違いは、前者が一項の述語であるのに対して、後者が二項の述語であるという点にある。このことは、両者で「の」が異なるはたらきをすることからも見ることができる。「三人のこども」の「の」は、性質を導入する「の」であり、「三人」は、複数のこどものもつ性質を表す一項述語であるのに対して、「こどもの大部分」の「の」は、関係項を表示する「の」であって、「大部分」は、複数のものどうしの関係を表す関係名詞であって、二項述語である。

しかし、こうしたまとめ方は明白な事実を無視していると、すぐに反論されるだろう。この章の表題となっている例文をもう一度見るだけでよい。

（1）大部分のこどもが笑った。

この例文が示しているように、「大部分」は、「こどもの大部分」という形で使われるだけでなく、「三人のこども」と同じように「大部分のこども」という形でも使われる。「大部分」だけでない。「三割」、「半分」、「全員」などもまた、「こどもの三割」と「三割のこども」のように、両方の言い方ができる。

ここで注目したいのは、数量名詞が「の」の前に来ようが、後に来ようが、全体の意味が異ならないことである。つまり、「こどもの大部分」と「大部分のこども」のあいだに意味の違いがあるとは思えない。これは、関係名詞一般についてはあてはまらない。たとえば、「こどもの先生」を考えよう。「こども」は絶対的な意味、「先生」は関係名詞であるとする。そのうえで、「こども」と「先生」を交換してみよう。その結果生じる「先生のこども」は、「だれかの先生であるこども」という意味であって、もとの「こどもを教える先生」という意味の「こどもの先生」とは異なる。なぜ数量名詞については、こうしたことが生じないのだろうか。

これに答えることは、できなくはないと私は思う。ただし、今から述べることに絶対の自信があるわけではない。ひとつの仮説として受け取ってもらえれば結構である。先にも

述べたように、関係名詞は、関係項を指す名詞句を取って、一項の述語となる。「先生」は、そのままでは二項述語だが、「こどもの先生」は、一項の述語であり、これは、「こども」で指されるこどものだれか――ひとりでも、複数でもよい――の先生である人――こちらも、ひとりでも複数でもよい――を指す。こうした人の全体、つまり、こどもの先生の全体を、関係項「こども」に対して、関係「先生」に立つ人の全体と言う。この例の場合、関係項「こども」に対して関係「先生」に立つ人は、一般に、もともとの関係項「こども」の範囲の中にはない。あるこどもの先生が、またこどもであるというような場合があるかもしれないが、それは、あっても例外であり、一般に、こどもの先生はこどもではない。

これに対して、「こどもの大部分」はどうだろうか。関係項「こども」に対して関係「大部分」に立つのは、また、こども――複数の――だろう。つまり、こどもの大部分は、これもまた、こどもである。そこで、私の仮説は、こうである。すなわち、「大部分のこども」の「の」は、性質を提示する「の」であって、この句全体は「こどもの大部分であるこども」という意味だというのである。

関係名詞の関係項が明示されていなくとも、それが文脈からわかる場合は、決して珍しいことではない。たとえば、

（28）笑ったこどもは大部分だ。

で、「大部分」は「だ」を伴って名詞述語になっている。この関係項が「こども」であることは、すぐにわかる。（28）は

（29）笑ったこどもはこどもの大部分だ。

と同じことを言っている。これと同様に、（1）は、

（30）こどもの大部分のこどもが笑った。

と同じだと考えるのである。（30）に「の」は二回現れているが、最初の「の」は関係項を表示する「の」であるのに対し、二番目の「の」は「である」と言い換えることのできる、性質を提示する「の」である。そうすると、（1）には、「大部分」の関係項が明示されていないことになるが、それが「こども」であることは、「大部分」のあとに「こども」が来

ることから明らかであるゆえに省略されたせいであるということになる。

「三割のこども」や「半数のこども」も、これと同様に「こどもの三割のこども」や「こどもの半数のこども」から関係項が省略されて生じる形であると考える。ただし、「多数のこども」および「少数のこども」については、こう考えることはできない。なぜならば、「多数」と「少数」は、比例的でない数量名詞と、比例的な数量名詞とのあいだで多義的であり、それが「の」の前に来るか、それとも後に来るかによって区別されるからである。これもまた、比例的な数量名詞にとっての基本形は、「こどもの大部分」といった形であると考える理由となる。

「こどもの大部分」の「こども」は複数確定記述である

もう一度、文(10)を見よう。この文が言うことは、「こども」によって与えられる全体のなかの「大部分」について、「笑った」という条件が成り立つということである。ここで「こども」が、こどもであるだれかではなく、こどもの全体を与えるということが重要である。この全体がどのように決まるかはともかく、それは、ある決まった範囲の特定のこどもから成る全体として、それ自体、ある確定したもの——複数的対象を認めるならば、ある特定の複数的対象であり、複数的対象を認めないならば、複数のこどもから成るある特

定の集まり――である。よって、それを指す表現として、(10)に現れる「こども」は確定的な仕方で用いられている。言語哲学の言葉で言えば、(10)の「こども」は、「複数確定記述」と言われる。

「確定記述(definite description)」という用語はもともと英語の表現に限って使われたもので、定冠詞「the」で始まる単数形の名詞句を指していた(したがって、「記述」という訳語は不親切で、むしろ「記述表現」の方が誤解を招かないかもしれないが、「記述」で定着してしまっているので、本書でもそうさせてもらう)。しかし、この用語が言語学ではなく哲学に由来するという事実は、これが英語のような特定の言語にしか適用できないものではなく、もっと一般的に適用されるべきことを意味している。まずこれは、冠詞をもつ言語一般に適用され、そのうえで二段階にわたって適用範囲が拡張された。第一に、「単数の」という限定が外され、定冠詞で始まる名詞句ならば、単数でも複数でもよいということになった。よって、

(31) The dogs are barking.(犬が吠えている。)

に現れる「the dogs」もまた、複数確定記述として、確定記述とされた。ついで、

（32）The water is cold.（水が冷たい。）

の「the water」のように、不可算名詞に定冠詞がついたものも、確定記述の仲間に入れられた。こうした記述は「質量確定記述」と名付けられた。

こうした拡張の過程でわかってきたことは、確定記述が何を指すかは、それが使われるコンテキストに大きく依存するということである。もともと確定記述の典型とされた「the present prime minister of Japan（現在の日本の総理大臣）」のような句でさえ、それがいつ使われるかによって、誰を指すかが異なる。だが、確定記述の指示のコンテキストへの依存性は、ずっと広範にわたる。たとえば、（31）の「the dogs」である。これは、この文が言われた時点に限定してさえ、そのときに存在する犬のすべてを指すのではない。それよりもずっと限定された範囲の犬を指すことは明らかである。（31）の主語が単数形の「the dog」になっても同じことが言える。こうした記述はしばしば「不完全記述」と呼ばれるが、実際に使われる記述のほとんどすべては「the dog」や「the dogs」のような不完全記述である。

確定記述の範囲が拡大されるにつれて、こうした表現すべてを統一的な仕方で特徴付け、

そのはたらきを説明したいという欲求が生まれてくるのは当然のことである。しかし、いくつかの野心的な試みはあるものの、完全に満足の行くような理論は未だ存在していない。その大きな理由は、ここでもやはり、不可算の領域を扱う確立した理論が未だ存在しないことにある。

他方、確定記述という概念を、冠詞をもたない言語にまで適用できるように拡張しようという試みは、私の知る限り、ほとんどない。というわけで、ここで「確定記述」と言うことにためらいがないわけではないが、第1章で説明したように、日本語に冠詞がなくとも、確定的に現れる名詞句と不確定的に現れる名詞句の区別が存在する以上、「確定記述・不確定記述」という用語を用いて悪いことはない。したがって、文中で確定的に用いられている名詞句を「確定記述」と言うことにしたい。単数と複数の体系的区別がないので、日本語の確定記述はすべて複数記述である。ただし、ここで「複数」は、単数も含む意味である。したがって、「数中立記述」と呼んだ方が誤解が少ないかもしれないが、英語の文献でも「plural description」の「plural」は単数の場合も含むという使い方をされていることが多いので、それに倣って「複数確定記述」と呼ぶことにする。

「大部分のこども」の「こども」は？

（10）において「こども」が確定的な仕方で用いられているとする根拠として、先に挙げたものは、「大部分」という数量名詞の意味が、そのことを要求するというものであった。しかし、「大部分」の意味を引き合いに出さないで、同じ結論を引き出す方法はないだろうか。とりわけ、第1章で説明したようなテストを、これに適用することはできないだろうか。

そこで、さっそく（10）から、「いる」で終わる文を作ってみよう。それは、

（33）笑ったこどもの大部分がいる。

となる。この文は二通りの仕方で読める。たぶん自然なのは「笑ったこども」と続けて読むことだろうが、「笑った」で一息いれて「こどもの大部分」は続けて読むこともできる。次の（33a）と（33b）のように表せよう。これは、この章でも後に触れる「スコープの相違」の一例でもある。

（33a）［笑ったこども］の大部分がいる。
（33b）笑った［こどもの大部分］がいる。

（33a）は、もとの（10）とは違う意味である。笑ったこどもが、こどもの大部分どころではなく、少数であっても、（33a）が正しいことはありうる。その場合、「いる」は所在を意味する「いる」である。他方、（33b）は、こどもの大部分が笑ったことを意味として含んでいるが、この「いる」も所在の「いる」としか読めないので、（10）とは意味を異にする。そのため、（10）に対応する「いる」文は、（33）ではなく、次だと考えた方がよい。

（34）（その）大部分が笑ったこどもがいる。

ここで「その」がかっこに入っているのは、省略してもよいというしるしである。（34）が（10）に対応する「いる」で終わる文であると考える理由は、次のような文のペアの存在にある。

(35)こどもの親が来た。
(36)(その)親が来たこどもがいる。

このパターンは一般に「普通名詞+『の』+関係名詞」という組み合わせの名詞句に適用できる。関係名詞の関係項となっている普通名詞が、不確定なものであれば、「いる」で終わる文には、存在と所在の両方の解釈があり、「いる」が存在の意味で解釈された文は、もとの文と同値である。実際、(35)の「こども」が不確定ならば、同じように「こども」を不確定だと解釈したとき、(36)には、存在と所在の両方の解釈があり、存在と解釈すれば、それは(35)と同値である。他方、(35)の「こども」が確定的で、特定のこどもを指すのだとし、(36)の「こども」も同様だと解釈すれば、(36)には、そのこどもがいま、ここ、あるいは、コンテキストで決まるどこかにいるという所在の解釈しかない。

「大部分」が関係名詞であることが正しいならば、(10)は、(35)と同じパターンの文である。したがって、(34)は、(36)と同じパターンの文だということになる。(34)はそのままだとたいへん落ち着きの悪い文だが、意味が取れないことはない。それは、その大部分が、先の機会に笑ったこどもたちがいて(存在)、そのこどもたちがいま、たとえば、ここにいる(所在)といったことを意味する。「こども」が複数であることをはっきりさせる

ために、それを「こどもたち」に代えたら、まだましかもしれないが、いずれにせよ、(34)には所在文としての解釈しかない。これは、(10)の「こども」が確定的であること、言い換えれば、確定記述であることを強く示唆している。

(10)ではなく、「こどもの大部分」の代わりに「大部分のこども」を含む

(1)大部分のこどもが笑った。

に対して、同様のテストを行えばどうなるかと問われるだろう。その結果は次のものとなろう。

(37)笑った大部分のこどもがいる。

(37)もまた落ち着きが悪いと感じる人が多いだろうが、「大部分」ではなく、「三割」ならばどうだろうか。

(38)笑った三割のこどもがいる。

これに存在と所在の両方の解釈があることは明らかだろう。ここから類推して、(37)に存在の解釈と所在の解釈の両方を考えることはできる。もしそうだとすれば、それは、(1)における「大部分のこども」という名詞句は、不確定な仕方で現れていることを意味する。これは、「こどもの大部分」で「こども」が確定記述としてはたらくことと矛盾しない。なぜならば、「こどもの大部分」の「こども」は、ある特定の全体を指すものとして確定的でなければならないが、「大部分のこども」は、この確定したこども全体の一部を指し、それは一通りに決まらないからである。さっちゃん、みっちゃん、まあちゃん、しーちゃん、たっちゃんという五人のこどもの大部分は、さっちゃん、みっちゃん、まあちゃん、しーちゃんの四人かもしれなければ、あるいは、たっちゃんが、しーちゃんの代わりに入った四人かもしれない。

ついでに言えば、「大部分のこども」が不確定な名詞句となるということは、この表現が「こどもの大部分の(である)こども」と同じだという先の仮説の傍証にもなる。もしも「大部分のこども」が単に「こどもの大部分」の別の形だとすれば、「こどもの大部分」の「こども」が確定記述であるのに、「大部分のこども」の「こども」がそうならないのはなぜかという問いが出てくるからである。

「三割のこども」

　ここまで、比例的でない量化とくらべたときに、比例的量化に固有の特徴が何であるかを説明してきたが、その説明はもっぱら「大部分」を例としたもので、比例的量化に用いられるその他のさまざまな数量名詞――「比例的な数量名詞」と言おう――はほとんど出てこなかった。この章の残りで、そうした数量名詞をざっと見ておきたい。読者はすぐに気付かれるだろうが、比例的数量名詞のはたらく仕方は、比例的でない数量名詞がはたらく仕方と多くの点で似ている。したがって、第2章での議論の多くが、比例的数量名詞にもあてはまる。

　「三人」のような比例的でない数量名詞に対応するのは、「三割」、「三十パーセント」、「三分の一」といった、具体的な数値の入った比率を表す数量名詞である。「三人」の場合とまったく同じように、こうした比例的数量名詞もさまざまな修飾句をとることができる。その例を以下に挙げよう。

（i）比較　　三割以上、三割以下、三割より多数、三割より少数、三割未満……
（ii）最大・最小　少なくとも三割、多くとも三割、せいぜい三割、最低三割……

(iii) 正確・近似　ぴったり三割、三割ちょうど、ほぼ三割、約三割、三割ほど……

第2章で挙げた修飾句と完全に重なることがわかるだろう。「三割のこども」の「三割」が、三割以上でもなければ、三割以下でもなく、三割を意味するということも、「三人のこども」の「三人」の場合とまったく同じである。このことを支持する議論がほしければ、「三人」のときと同様に、次の文の組

(39) 三割の問題に答えなければならない。
(40) 三割の問題に答えてよい。

で、「三割」が、(39) では三割以上、(40) では三割以下を意味することを説明できるのは、様相を含まない文脈で「三割」はちょうど三割を意味すると考えるときであると論じればよい (この例が不自然だと思うならば、「三割」を「八割」に代えればよい)。そこで、様相を含まない文脈に「三割」が現れる

(41) 三割のこどもが笑った。

の真理条件がどのように与えられるかを考えよう。

まず、比例的量化の場合には必ず、そこで考えられるべき全体が与えられている。(41)の場合は、それが用いられるコンテキストにおいて「こども」である対象の全体が、こうした全体である。こうした全体が存在するという主張が、(41)が主張することの部分となっているのか、それとも、そうした主張は、(41)と主張できるための前提となっているのかというのは、確定記述をめぐる主要な言語哲学的問題なのだが、ここでその話を始めると終わらなくなる心配があるので、ここでは、前者の立場を取っておこう。

そうすると、第一に、(41)が用いられるそのコンテキストでのこどもの全体というものが存在しなければならない。もしもそのコンテキストでは、こどもがいないことが話し手もしくは聞き手が知っていたり、後からそう判明した場合は、(41)は偽となる。次に、そのこどもの全体の三割にあたるこどもが笑ったのでなければならない。これだけだと、三割よりも多くのこどもが笑った場合も認めてしまうから、この三割にあたるこどもが、笑ったこどものうちで最大である、つまり、それよりも多くのこどもが笑ったということはないという条件が必要である。

前章で扱った「三人のこどもが笑った」の場合との違いは、こどもの全体というものが

存在するという主張が、真理条件の一部となっていることと、「三人」という一項の述語の代わりに、「三割」という二項の述語が現れていることである。ある条件を満足するもののなかで最大のものを取り出すということで、「三割より多く」にならないようにするというやり方は、両者で共通している。

本筋からは外れるが、ここで簡単にでも触れておかねばならないことは、「三割」という二項述語の内容はどのように説明されるかという問題である。「三人」や「三冊」といった述語において、類別辞「人」や「冊」は、それが現れる文の真理条件に寄与するものではなく、真理条件に寄与するのは「三」という数詞だけだと、前章で述べた。それに対して、「三割」と「三パーセント」が意味的にも大きく違うことからもわかるように、「割」と「パーセント」は、それが現れる文の真理条件に寄与するという意味で、それに固有の意味をもっている。この意味の説明が与えられなければ、比例的量化の説明は不完全なものにとどまるのではないだろうか。

「三割」の意味の説明が与えられなければ、比例的量化の説明は不完全であるという指摘は正しい。しかしながら、それならば、「三人」や「三冊」に現れる数詞「三」の説明が与えられなければ、比例的でない量化の説明も不完全である。数詞のなかには、「三」のような単純なものだけでなく、「三百三十三」のような複雑なものもある。こうした数詞の意味

が、それを構成している単純な数詞の意味からどのようにして決まるのかを説明する必要がある。こうした複雑な数詞が「十」や「百」のような単位を用いて表現されている——十進法とは、そういうことである——と同様に、「三割」や「三パーセント」といった表現は、十分の一を意味する「割」や、百分の一を意味する「パーセント」を単位とする表現である。こうした表現の意味論を与えることは、それほどむずかしくはないが、ここで、それを紹介する必要はないだろう。

「三割以上」「三割未満」

「三割のこども」を含む文の真理条件が、いま見たような仕方で与えられるとすると、ここから「三割以上のこども」や「三割未満のこども」の真理条件が何であるかを知ることができる。

(42) 三割以上のこどもが笑った。

の真理条件は、「三人以上のこどもが笑った」のときと同様、「最大」という条件を除くだけでよい。他方、

（43）三割未満のこどもが笑った。

という文、あるいは、これよりも自然な文

（44）三割未満のこどもしか笑わなかった。

の真理条件を与えるには、「三人以下のこどもしか笑わなかった」の場合と同様、直接的なやり方と、「三割未満」の反対「三割以上」を含む文の否定が成り立つのは、どういう場合かを考えるという、間接的なやり方の二通りがある。ここでは、後者のやり方を簡単に見ておこう。このためには、（42）の否定

（45）三割以上のこどもが笑ったということはない。

がどのようなときに成り立つかを考えることになる。ここで注意すべきなのは、（45）の真理条件が、（42）の真理条件を単純に否定したものとはならないことである。ここで「こど

も」は関係名詞「三割」の関係項であるが、先に論じたように、一般に、比例的数量名詞の関係項は確定記述になる。そして、こうした確定記述が現れる文には、そうした記述を満たすものが存在するという主張が含まれていると、いまここでは考えている。よって、(45)にも、(42)と同様に、それが使われるコンテキストにおけるこどもの存在の主張が含まれている。それゆえ、(45)は、(42)の単純な否定とはなりえない。

この点に注意すると、(43)が真であるためには、第一に、それが使われるコンテキストでのこどもの全体というものが存在し、第二に、「笑った」という条件を満足するものが、このこどもの全体の三割以上ではないということが、必要十分であることがわかる。

これによれば、(43)が真であるためには、そのコンテキストでこどもが存在することは必要であるが、笑ったこどもがいることは必要ではない。どのこどもも笑わなかったときにも、(43)という主張は真になる。第2章で「三人以下のこどもが笑った」に関して、まったく同じような結果になったことを覚えている読者もいるかもしれない。そのときに述べたと同じことが、ここにもあてはまる。つまり、(43)もしくは(44)を聞いた人が、「少なくとも笑ったこどもはいたんだ」と考えるとすれば、それは、こうした文の字義通りの意味によるのではなく、会話の際に守られると想定されている一般原則からの推論によるということである。

（4）こどもの多数が笑った。

のような比例的な「多数」、「多く」、「少数」は、比例的でない「多数」、「多く」、「少数」と同じく、それが使われる文脈での標準よりも多いとか少ないことを意味する。比例的でない場合には、ある一定の数が標準となったのに対して、比例的な場合の標準は、ある一定の比率であるという点が違うだけである。

「一部」「半数」「半分」「大多数」「大部分」「全部」

次に挙げる文がいずれも比例的量化を含むことは明らかだろう。

（46）こどもの一部が笑った。
（47）半数のこどもが笑った。
（48）こどもの大部分が笑った。
（49）全部のこどもが笑った。

「一部」、「半数」、「半分」、「大多数」、「大部分」、「全部」という数量名詞は、ある全体のどれだけかを表す表現であるから、そうした全体を表す表現を必要とする関係名詞である。「一部」、「半分」、「大部分」、「全部」は、不可算の場合にも用いられる。それに対して、「半数」と「大多数」は、可算の場合にしか用いられない。人が問題となっている場合には、「全部」の代わりに「全員」が使われることの方が多いように思われる。ここでは、どのような修飾句を取ることができるかという観点から、こうした数量名詞のあいだにどんな違いがあるかを見ておこう。

「半数」や「半分」は、それが現れる文の真偽に与える影響という点からは、「五割」、「五十パーセント」、「二分の一」といった表現と変わりない。「全部」や「全員」も同様に、「十割」、「百パーセント」に置き換えることができる。他方、「一部」、「大多数」、「大部分」については、具体的な数値をもった比率で置き換えることはできない。これらの表現が表す比率は、ある幅をもったものである。それゆえ、「ほぼ」や「だいたい」のように、もとの数値に幅をもたせる表現や、「ぴったり」や「ちょうど」のような、正確な数値であることを示す表現は、「半数」、「半分」、「全部」、「全員」には用いられるが、「一部」、「大多数」、「大部分」には用いられない。

「以上」、「以下」、「未満」、「より多く」、「より少数」などの比較を表す修飾句を付けるこ

とができるのは、このなかでは「半分」だけである。このことは、こうした修飾句が、ある確定した数値との比較を表すものであることを示しているのだろう。比例的でない数量名詞の場合でも、「十人以上」はよいが、「*十二三人以上」とは言えない。「全部」もしくは「全員」の場合に、比較の修飾句が用いられないのは、たぶん、「全員より多い」という事態はありえないし、どんな人数でも「全員以下」か「全員より少数」となるからだろう。

最後に、「少なくとも」、「多くとも」、「せいぜい」は、「全部」には使えず、「一部」と「半分」には問題なく使える。「大部分」にも使えるかどうかは、人によって判断が異なるかもしれない。

(50) 少なくとも大部分のこどもが笑った。

(51) こどもの少なくとも大部分が笑った。

(50) はまったく問題のない文だと思われるかもしれないが、その場合は「少なくとも」が、「大部分」ではなく、「大部分のこども」にかかると解釈している公算が高い。つまり、「大人はほとんど笑わなかったが、こどもの大部分が笑ったことは確かだ」という具合に解釈すれば、(50) は完全に意味の通じる文である。こうした解釈を避けるために作ったのが

(51)である。これはどうだろうか。「笑ったこどもは、全員でも、ほぼ全員でもないが、少なくとも大部分だった」という具合に読むことができれば、よさそうであるが、そのように読めるだろうか。

多重量化と分配性・集合性

第2章で扱った種類の量化と、この章で扱った種類の量化は、自由に組み合わせて使うことができる。次に挙げるような文が、典型的な例である。

(52) 二人の先生が三人のこどもを教えた。
(53) こどもの多数を三割の先生が教えた。
(54) 大多数のこどもを教えた先生が五人集まった。

(52)は比例的でない数量名詞どうし、(53)は比例的な数量名詞どうしの組み合わせであり、(54)は、比例的でない数量名詞によって量化される名詞が、比例的な数量名詞を含む修飾節をもつ場合である。

このようにひとつの文の中に量化が複数現れている場合を、多重量化と呼ぶ。多重量化

に関して重要なのは、スコープという概念である。（52）を例に取ろう。この文は、二通りに解釈できる。第一の解釈によれば、同じ二人の先生が、それぞれ異なるかもしれない三人のこどもを教えたということになるのに対して、第二の解釈によれば、同じ三人のこどもが、それぞれ異なるかもしれない二人の先生に教わったということになる。この二つの解釈は、それぞれ、

（52ａ）［二人の先生が］三人のこどもを教えた。
（52ｂ）二人の先生が［三人のこどもを］教えた。

のように書く。［　］で囲まれている数量名詞のスコープは文の全体に及ぶのに対して、囲まれていない部分に現れている数量名詞のスコープは、この囲まれていない部分に限られるという。

（52ａ）と（52ｂ）は、次のように書き直すなり、言い直した方が、その解釈のちがいは、もっとはっきりするだろう。

（52ａ）二人の先生がいて、その先生たちは、三人のこどもを教えた。

（52ｂ）三人のこどもがいて、そのこどもたちを、二人の先生が教えた。

（52ｂ）で、「三人のこども」が文の先頭に来ていることに注目されたい。（52）という例そのものが表しているように、語順で先の方に来る量化詞の方が大きなスコープをもつということはないが、それでも、そのように読まれる傾向はある。したがって、（52）の語順を変えて、

（55）三人のこどもを二人の先生が教えた。

としたり、あるいは、受身の形にして

（56）三人のこどもが二人の先生に教わった。

とすれば、多義性はまだ残るが、（52ｂ）という解釈がずっと優勢になる。

（53）は、比例的な数量名詞が現れているが、（52）とまったく同じように二通りに解釈できる。（54）は、（52）や（53）と違うタイプの多重量化だが、これにも二通りの解釈があ

る。あるこどもたちを共通に教えた先生が五人集まったという解釈と、それぞれ違うかもしれないが、こどものなかの多数を教えた先生が五人集まったという解釈である。

これだけでも十分まぎらわしいと思われるだろうが、(52a)であろうが、(52b)であろうが、この二通りの解釈のそれぞれは、さらに異なる仕方で解釈できる。これは、多重量化が現れているかどうかとは別の問題である。量化を一回しか含まない

(57) 三人のこどもが来た。

という文を考えよう。この文は量化を一回しか含まないから、スコープの違いによって二通りの解釈が出て来るようなことはない。それでも(57)には二通りの解釈がある。ひとつは、三人のこどもがそれぞれ来たという解釈であり、もうひとつは、三人のこどもが一緒に来たという解釈である。前者は、分配的な解釈、後者は集合的な解釈と呼ぶ。(57)だけでは、このどちらの解釈を取るのが正しいかはわからないが、文末の述語によっては、片方の解釈しか取れない場合もある。

(58) 三人のこどもが集まった。

という文では、「集まった」という述語が成り立つのは集団についてだけだから、集合的な解釈だけが許される。

（52a）と（52b）に戻るが、（52a）について説明すれば十分だろう。この文には、量化が二回現れていて、各々の量化について、分配的と集合的の二つの解釈が可能であるから、（52a）という、（52）のひとつの解釈には、さらに全部で四通りの解釈があることになる。これを次に列挙する。

（52a－1）二人の先生それぞれが、三人のこどものそれぞれを教えた。
（52a－2）二人の先生それぞれが、三人のこどもを一緒に教えた。
（52a－3）二人の先生が一緒に、三人のこどものそれぞれを教えた。
（52a－4）二人の先生が一緒に、三人のこどもを一緒に教えた。

たぶん読者はうんざりされているだろうから、この辺でやめるが、大事なのは、文が示すこうした多義性にもかかわらず、異なる解釈のあいだの区別が必要であれば、日本語には、そうする手立てがちゃんとあるということである。分配的か集合的かに関しては、つ

い今しがたしたように、「それぞれ」と「一緒に」という副詞がその役目を十分に果たしてくれる。また、(52a)か(52b)かといったスコープの区別についても、万全ではないが、語順を変えるとか、受身の形にするといった工夫で、多くの場合、自分の伝えたい意味を表現できることは見た通りである。こうしたことが、どのようにして可能になっているかを詳しく調べることもまた、この分野の重要な課題である。

不可算量化の場合

比例的でない量化にくらべて、比例的な量化のもつ大きな特色は、可算量化と不可算量化の両方で用いることができる数量名詞が多くあることである。それでも、可算の領域でしか用いることができない比例的数量名詞はある。そうしたものとしては、「半数」と「大多数」、人に対してしか用いることのできない「全員」、それに、比例的な「多数」と「少数」を挙げることができる。

他方、「一部」、「半分」、「大部分」、「全部」は、すべて不可算の領域でも用いられる。

(59) 水の一部が汚染されている。
(60) 小麦粉の半分を使った。

(61) スープの大部分がなくなった。
(62) 牛乳を全部飲んだ。

とくに目を引くのは、具体的な比率を表現する「三割」、「三十パーセント」、「三分の一」といった表現が、可算と不可算のどちらの領域でも使えることである。不可算の領域に対して、こうした表現が使われた例を挙げておこう。

(63) ビールはもう二割ぐらいしか残っていない。
(64) 砂利の三分の一はよそに運んだ。

また、比例的量化の特徴として、これまで述べてきたことのほとんどすべてが、不可算の場合にもあてはまる。まず、比例的数量名詞が、関係項を必要とする関係名詞であることに変わりはない。というよりも、語彙的にも同一である数量名詞が、可算と不可算両方の領域に用いられるというのが正しい。関係項となる名詞句が確定記述でなければならないことも同じである。

ただし、言うまでもないことだが、不可算の量化の場合、これは不可算の記述、つまり、

質量記述でなければならない。つまり、比例的量化の理論ほど、可算と不可算の両方の領域の統一的な扱いを必要とする分野はない。前章の場合と同じく、そうした将来の展開を期待しながら、この章を終えることにしたいが、その前に、この章の要点をまとめておこう。

この章のまとめ

この章のまとめである。

- 数量名詞には、前章で扱った「三人」のような、比例的でない量化に用いられるもののほかに、「三割」、「半分」、「大部分」のような、比例的な量化に用いられるものがある。
- 比例的な量化は、ある全体のうちのどれだけが、与えられた条件を満足するかを述べる。
- 比例的な量化を行う数量名詞は、比例が何に対してのものかを示す関係項を必要とする関係名詞である。一般に、関係名詞の関係項は、助詞「の」によって表示され

る。

- 比例的な量化に現れる数量名詞の関係項は、確定記述である。
- 比例的な数量名詞を含む文の真理条件は、その関係項となっている確定記述が指す対象の存在を常に含む点以外は、比例的でない数量名詞を含む文の場合と同様の仕方で与えられる。
- 比例的かそうでないかを問わず、数量名詞による量化は、ひとつの文中で組み合わせて使うことができる。このような多重量化の場合、量化のスコープの違いは、異なる解釈を生み出す。スコープによる解釈の違いとは独立に、分配的か集合的かという二通りの解釈も存在しうる。多くの場合、さまざまな工夫によって、こうした多義性を減らすことは可能である。
- 比例的な数量名詞の多くは、可算不可算両方の領域で用いることができ、しかも、同じような仕方ではたらく。

第4章「どのこどもも笑った」

不定詞による量化

第2章で、日本語で量化を表現する方法には、数量名詞によるものと不定詞によるものの二種類あると述べた。第2章と第3章で前者を扱ったので、この章では後者、不定詞による量化について論じたい。

まずは、その例を見てもらいたい。

（1）どのこどもも笑った。
（2）どのこどもかが笑った。
（3）だれが書いた手紙に返ってきた返事もすばらしかった。
（4）だれが書いた手紙に返ってきたどの返事もすばらしかった。

これらの例文に現れている不定詞は、（1）と（2）では「どの」、（3）では「だれ」、（4）では「だれ」と「どの」である。不定詞としては、他に次のようなものがある。

どれ　どちら　どんな　どこ　どう　どうして　何　いつ　いくつ　いくら

これを見ると、二つのことに気付く。ひとつは、これらの表現はすべて

(5) どんなこどもが笑ったのか。

のように「か」で終わる文に現れて疑問を表すことのできる表現でもあることである。もうひとつは、この表の中で「ど」で始まる表現は、いわゆる「こそあど」と呼ばれる一連の語句に属するということである。「どこ」、「どう」、「どうして」に関しては、「あ」で始まるのがそれぞれ、「あそこ」、「ああ」、「ああして」と少し変則的だが、最初の「ど」を「こ」、「そ」、「あ」に変えた表現が、ひとつの系列を構成する。「これ」、「それ」、「あれ」といった、こうした表現は、日本語文法で「指示詞」と呼ばれ、それが使われる文脈中の対象を指示するために用いられる。

量化に使われる不定詞が、一方で疑問を作る表現でもあり、他方で指示表現と密接な関係をもつということは、控えめに言っても、きわめて示唆的である。それは、量化・疑問・指示という、言語の三つの基本的なはたらきのあいだに深いつながりがあることを予想させるからである。

このつながりがどういうものであるのかは、追い追い見ていくことにして、不定詞によ

る量化の特徴に目を向けよう。（1）と（2）を見ると、量化は、不定詞と「も」あるいは「か」との組み合わせによって実現されていることがわかる。不定詞と「も」の組み合わせは、論理学で「∀」（allのAを反転させたもの）という記号で表される全称量化を表現するのに使われ、不定詞と「か」の組み合わせは、同様に「∃」（existのEを反転させたもの）で表される存在量化を表現するのに使われる。「∀」を「全称量化子」、「∃」を「存在量化子」と呼び、全称量化子で始まる文を「全称文」、「存在量化子」で始まる文を「存在文」と呼ぶ。

このように「全称」「存在」は、論理学の用語なのだが、哲学や言語学のある分野では、そうした記号によって表現される論理学の文に対応する日本語や英語の文についても、同じような言い方が用いられる。私もそうした言い方にすっかり馴染んでいるので、つい、その癖《くせ》が出てしまう。しかし、こうした言い方はあまり厳密なものではない。

一般には、全称量化は日本語の「すべて」に対応し、存在量化は「存在する」に対応するといった説明が多いようだが、話はそれほど簡単ではない。それで済むのならば、論理学の言葉と日本語のずれなどということが問題になるはずはない。「∀」も「∃」も、それに対応する日本語の表現ということになると、さまざまなものがその候補となる。しかも、そのどれとも完全に一致することはない。その理由は、論理学の言語がごく単純なもので

あるのに対して、日本語は自然言語の例にもれず、もっとずっと複雑だからである。とりあえず、いまは、不定詞と「も」の組み合わせは、比例的な数量名詞「すべて」や「全員」と同様に、論理学における全称量化に対応する日本語の表現の候補のひとつだという具合に考えてもらいたい。そして、そうした表現を用いた日本語の文を、論理学での全称文に対応すると考えられる文という、厳密でない意味で「全称文」と呼ばせてもらう。

論理学のなかでよく知られていることだが、全称量化と存在量化はそれぞれ、「連言」および「選言」と呼ばれる、複数の文を結合する操作と密接な関係をもっている。「さっちゃんが笑った」、「みっちゃんが笑った」、「まあちゃんが笑った」という三つの文があるとしよう。この三つの文の連言は、

(6) さっちゃんが笑い、みっちゃんが笑い、まあちゃんが笑った。

となり、三つの文の選言は、

(7) さっちゃんが笑ったか、みっちゃんが笑ったか、まあちゃんが笑った。

となる。（7）にはすでに「か」が現れているが、（6）と（7）は、次のように書き直すことができる。

（6′）さっちゃんもみっちゃんもまあちゃんも笑った。

（7′）さっちゃんかみっちゃんかまあちゃんが笑った。

これを見ると、不定詞と「も」の組み合わせが全称量化を表現し、不定詞と「か」の組み合わせが存在量化を表現することは、決して偶然ではなく、何かはっきりとした理屈があることを推測させる。

ここまででも、不定詞による量化を興味の尽きないものとするに十分であるが、不定詞と「も」の組み合わせには、「か」との組み合わせにはみられない大きな特徴がある。それは、最初に挙げた例文のうちの（3）と（4）から見て取ることができる。つまり、「も」は、それに対応する不定詞からずっと離れていてもよい。（4）は、不定詞と「も」の組み合わせの中にさらに不定詞が現れてもよいことを示している。このように、不定詞と「も」の組み合わせによる量化は、きわめて複雑なものになりうる。これもまた、不定詞による量化を研究することへの興味をかきたたせる要因のひとつである。

最後にもうひとつ、第2章の初めで述べたように、不定詞による量化は、可算の量化しかなく、不定詞による不可算の量化はない。これがなぜであるかを説明することから、不定詞による量化の世界に入って行こう。

なぜ可算の量化になるのか

量化の及ぶ範囲のことを「量化域」と呼ぶ。量化が行われるとき、その量化域は何らかの仕方で示されている。数量名詞による量化の場合、その量化域は、数量名詞が伴う名詞句によって示される。「三人のこどもが笑った」であれば、「三人」の量化域は、それに続く「こども」によって示されているし、「こどもの大部分が笑った」でも、「こども」が「大部分」の量化域を示している。このどちらでも、「こども」によって示される量化域は、こども一般であるよりは、文脈によって限定されたある特定の範囲のこどもである。

日本語の一般名詞の通例として、「こども」は、ひとりひとりのこどもだけでなく、複数のこどもにもあてはまるから、「こども」によって示される量化域の中には通常、ひとりひとりのこどもだけでなく、複数のこどもも含まれる。これに対して、

(1) どのこどもも笑った。

で、「どのこども」の「こども」によって示されている「どの〜も」の量化域は、複数のこどもを含まず、ひとりひとりのこどもだけから成る。

他方、(3)では、「だれ」と「も」の組み合わせによる量化の場合、「だれ」自体に量化域の指示が含まれている。この場合の量化域は、人であるが、複数の人を含まず、ひとりひとりの人に限られる。

こうした例を見ると、「どの」や「だれ」のような不定詞による量化において、量化域は、ひとりひとりのこどもや、ひとりひとりの人のような個体に限られると結論したくなる。しかし、これが正しくないことは、次のような例が示している。

(8) どの夫婦も仲がよい。

(9) どの机と椅子も互いにぴったりだ。

(8)で「夫婦」によって示される量化域は、夫婦から成る。名詞「夫婦」は、一組ごとの夫婦だけでなく、複数組の夫婦も指す。よって、

（10）三組の夫婦が集まった。

のような文が可能であり、ここで「夫婦」によって示されている量化域は、複数組の夫婦をあわせたものも含んでいる。夫婦とは、ある関係に立つ二人の人にほかならないと考えるならば、複数組の夫婦について話すことは、複数の複数的なものについて話すことになる。

しかし、夫婦は、ある関係に立つ二人の人とは別で、それ自体、別の対象を構成すると考える人がいるかもしれない。その場合は、（9）を見てもらうとよい。（9）が使われるようなコンテキストとしては、家具屋でこどもの学習机のセットを選んでいるといった場面を考えればよい。この例では、「机と椅子」を、机とも椅子とも異なる別の対象と考えようとはしないだろう。（9）における量化域が個体から成るものでないことは明らかである。

よって、不定詞による量化において、量化域は、ひとりひとりの人や一個一個の物のような個体に限られるわけではない。（8）や（9）において、「夫婦」や「机と椅子」によって示される量化域は、個体から成るものではなく、複数の人や物から成るからである。しかし、（8）や（9）においても、この量化域は、「夫婦」や「机と椅子」が指すものの全部

を含むわけではない。複数組の夫婦や、複数組の机と椅子は、そこには含まれず、含まれるのは、一組の夫婦や一組の机と椅子だけである。

では、不定詞による量化の量化域は、どのように特徴付けられるべきだろうか。私の提案は、量化域を示すと考えられる名詞句を満足する「最小」要素が、不定詞による量化の量化域を構成するというものである。「夫婦」や「机と椅子」のように、複数の人や物の組み合わせを指す名詞にとって、こうした「最小」要素とは、一組の夫婦や、一組の机と椅子である。よって、「どの夫婦」と「どの机と椅子」の量化域はそれぞれ、一組ずつの夫婦、あるいは、一組ずつの机と椅子から成る。もともと複数の人や物を指すのではない多くの名詞に関しては、その名詞を満足する「最小」要素は、個体であるから、そうした名詞が「どの」に続く場合、その量化域は、個体から成る。よって、（1）の「どのこども」の量化域は、ひとりひとりのこどもだということになる。

ただし、それを満足する最小要素が個体ではなく複数の個体、もしくは、複数的対象から成る仕方で、こうした名詞を使うこともできる。次の文における「こども」は、そのような使われ方をしている（この例は藤川直也氏に負う）。

(11) どのこどもも仲がよい。

「仲がよい」という述語は、(8)にも出てきたが、複数の人にしかあてはまらない述語である。そうすると、「どのこども」のここでの量化域は、複数のこどもだけから成り、ひとりひとりのこどもを含んではいけないはずである。しかし、(1)について、「どのこども」の量化域は、ひとりひとりのこどもから成るとされたのではないだろうか。これは矛盾だろう。

こうした矛盾を解消する道は、「こども」が、ひとりひとりのこどもではなく、複数のこども、たぶん、二人ずつのこどもだけにあてはまるような、「こども」の使い方があり、(11)の「どのこども」の量化域は、こうした使い方がされた「こども」が指す範囲と同じだと考えることである。(1)に関しては、「笑った」が分配的な述語であるから、それが複数のこどもにあてはまるのは、それがひとりひとりのこどもにあてはまるからであるゆえに、(1)での「こども」の量化域はひとりひとりのこどもだと解釈されたのである。これに対して、(11)での「こども」の量化域は、ひとりひとりのこどもから成るものではない。(11)で「こども」によって表される量化域は、「夫婦」や「机と椅子」と同様、一組のこどもであって、個体ではない。

名詞のこうした使い方は、たぶん、「こども」に限ったことではない。多くの名詞に関し

て、同じような使い方をすることが可能である。たとえば、

(12) どの学生もたがいに競争しあっている。

の「学生」は、そうした使い方をされているだろう。さらに、複数性を明示することさえできる。

(13) どの二人もたがいに競争しあっている。

複数性の探究が始まった最初の頃、複数のものを複数集めて、複数の複数のような、高次の複数を作るといった操作は、自然言語には存在しないと主張された時期があった。しかし、いまでは、高次の複数性が自然言語に存在することを疑う言語学者は、前ほどいないように見受けられる。たとえば、「この連中とあの連中が喧嘩した」といった文で、「この連中」も「あの連中」も複数の人を指すのだから、「この連中とあの連中」は、複数の複数を指すことになると考えることを許す言語学者は珍しくないのではないだろうか。

もしも、ここで述べたようなことが正しい方向に向かっているのならば、日本語におい

ても高次の複数性が存在するだけでなく、日本語こそ、高次の複数性が広くみられる言語であるということになりそうである。

「こそあど」と最小要素への限定

ただの「こども」と違って、(11) におけるような「どのこども」の使い方を除けば、「どのこども」と言うとき、「こども」が指すものの中には、複数のこどもは含まれず、ひとりひとりのこどもだけである。このことは、じつは、指示詞「この」、「その」、「あの」を「こども」に適用した場合についても成り立つ。

(14) このこどもが笑った。

という文で「このこども」は、特定のひとりのこどもを指す。しかも、「どのこども」の場合と違って、「このこども」で特定の複数のこどもを指すことはできない。特定の複数のこどもを指したかったら、

(15) このこどもたちが笑った。

あるいは、何人のこどもが笑ったのかがわかっているならば、

(16) この五人のこどもが笑った。

という具合に言わなければならない。「この」を、「その」あるいは「あの」に代えてもまったく事情が変わらないことは容易に確かめられる。

「この」、「その」、「あの」が、複数の人や物にも使えることは、(15)と(16)が示しているだけでなく、次のような例からも見て取ることができる。

(17) あの夫婦は仲が良い。
(18) その机と椅子が手頃だ。

「あの夫婦」や「その机と椅子」は複数の人や物を指すにしても、一組の夫婦や一組の机と椅子を指すだけであって、複数組の夫婦や、複数組の机と椅子は指さない。

つまり、「この」、「その」、「あの」と名詞の組み合わせが指すことのできる範囲は、その

名詞が本来指すことのできる範囲の全体ではなく、そのうちの最小要素に限られるのである。「こども」は複数のこどもを指すこともできるのに対して、「このこども」として指すことのできるのは、だれかひとりのこどもに限られる。同様に、「夫婦」は複数組の夫婦を指すこともできるのに対して、「あの夫婦」は、どれか一組の夫婦に限られる。

「こそあど」系列の表現についてのこれまでの研究の多くは、この四者のあいだの違い、なかでも「こそあ」のあいだの違いを、どのように特徴付けるかという点に力点がおかれてきた。しかし、ここで扱う事柄に関してはむしろ、この系列の表現のあいだにある共通点の方が重要である。その共通点とは、「こそあど」系列の表現が指示もしくは量化できる範囲は、それが適用される名詞を満たす最小単位の要素に限られるということである。

もうひとつ重要なのは、同一のコンテキストで用いられた「こそあど」系列の表現は、それが指示もしくは量化できる範囲がこのように限定されているだけでなく、そうして限定された範囲がたがいに同一になるということである。A、B、Cの三人が次のようなやり取りをしたとしよう。

A：どのこどもが笑ったの？
B：そのこどもが笑った。

C：このこどもも笑った。

このコンテキストで問題となっているこどもは、もちろん、世界中のありとあらゆるこどもではなく、ごく限定された範囲のこどもである。しかも、ここで「こども」は「こそあど」系列の表現とともに用いられているから、さらに限定された範囲のこども、つまり、ひとりひとりのこどもである。そして、これは、A、B、C三人の発言を通じて、まったく同一の範囲のこどもである。Aは、その範囲のこどものなかで誰が笑ったのかをたずね、Bはその範囲に属するあるひとりのこどもについて「笑った」と言い、Cはその同じ範囲に属する別のひとりのこどもも「笑った」と言っている。Aの発言は、疑問であって量化ではないと言われるだろうが、後にわかるように、疑問と量化のあいだには密接なつながりがある。

不可算の量化が不定詞にない理由

ここまでの議論の出発点にあったのは、数量名詞による量化と違って、不定詞による量化には、なぜ不可算の量化がないのかという問いであった。この問いは、もう少し一般化することができる。すなわち、なぜ「こそあど」系列の表現による指示あるいは量化は、

可算の領域だけに限られるのかという問いである。

それは、「こそあど」系列の表現がすべて、それが指示もしくは量化できる範囲が、それが適用される名詞によって指すことのできる範囲の全体ではなく、そうした名詞によって指すことのできる最小の要素に限られるからである。「こども」が指すことのできる最小の要素は、ひとりひとりのこどもであるのに対して、「水」が指すことのできる最小の要素というものを取り出すことはできない。このように不可算の領域は一般に最小の要素をもたない。よって、「こそあど」系列の表現が指示もしくは量化できるのは、最小の要素が存在する可算の領域に限られる。

こう言うとすぐ、次のような文はどうなのかと聞かれるだろう。

(19) このコーヒーはまずい。
(20) どのコーヒーも冷めてしまった。

これに答えるのは、むずかしくない。(20)は、第1章で取り上げた、不可算名詞の可算化の典型的な例である。ここに現れる「コーヒー」が、「コーヒー二つ」という具合に可算化されたものであることは、次のような文からも明瞭である。

（21）コーヒーが三つ来たけれども、どれも冷めてしまった。

他方、（19）には二通りの解釈がある。ひとつは、目の前にある一杯のコーヒーについて、それがまずいと言う場合であり、これは、（20）や（21）と同様の、不可算名詞の可算化である。もうひとつは、いろいろな種類のコーヒー豆のどれを買おうかと考えているような場合であり、液体状の物としての特定のコーヒーではなく、コーヒーの種類について言う場合である。コーヒーの種類は数えられるから、（19）で話題になっているのは可算の領域である。

量化の「も」と取り立ての「も」

さて、不定詞、とくに「どの」による量化が、どのような仕組みで可能になっているのかを考えよう。そうした量化のもっとも簡単な例は、この章の表題にもなっている

（1）どのこどもも笑った。

のような文だが、これよりももう少し複雑な文を例に取った方がよい。そこで、以下では、もっぱら次の文を例としよう。

（22）どのこどものともだちも来た。

あるコンテキストで（22）と言われたとしよう。さらに、このとき「こども」が指す範囲のこどものひとりが、さっちゃんだったとする。そうすると、（22）が真ならば、次の文も真である。

（23）さっちゃんのともだちも来た。

逆に、この同じコンテキストで、こどもは、さっちゃんの他に、みっちゃんとまあちゃんしかいなくて、

（24）みっちゃんのともだちも来た。
（25）まあちゃんのともだちも来た。

の両方がともに真であるならば、(22)は真だと結論できる。

「どのこども」とペアになって量化を可能としている(22)の「も」に対して、(23)-(25)に現れる「も」は、日本語の文法で「だけ」や「さえ」といった助詞と一緒に「取り立ての助詞」とされる「も」である(「取り立て」という語に違和感をもたれるかもしれないが、「強調するために取り上げる」といった程度で理解しておいてもらえれば結構である)。(22)と(23)-(25)のあいだに、いま見たような関係があることは、この二種類の「も」のあいだには、単に音が同じであるだけでなく、意味的にも密接な関係があることを示唆している。

ここから出てくるのは、量化の「も」を含む(22)のような文の真理条件を、取り立ての「も」を含む(23)-(25)のような文の真理条件によって与えようという考えである。このためには、二種類の「も」について、もう少し詳しく見てみる必要がある。

日本語学習者のために書かれた優れた教科書のシリーズの中で、取り立ての助詞について説明している一冊(沼田善子『「も」「だけ」「さえ」など』)では、この種類の助詞のはたらきを、文のなかのある要素を取り立てて、それと同類とみなされるものとの関係を暗示的に表すことと説明している。それゆえ、取り立ての「も」に、「表の意味」と「暗示的意味」と呼ばれる二種類の意味があると言われる。(23)で説明すれば、その表の意味と暗示

的意味はそれぞれ、次の二つの文によって表される。

(26) さっちゃんのともだちが来た。
(27) さっちゃんのともだち以外のだれかが来た。

言語哲学での言い方を使えば、(23) の表の意味は、その真理条件であり、暗示的意味は、その含み——この場合は、慣習的含み——と言うことができる（「慣習的含み」とは、これまでにも出てきたグライスの用語で、真理条件にかかわるものではないが、使われた表現の意味の一部とされるものから出てくる含みを意味する）。この区別は、第1章で

(28) 三冊の男が入ってきた。

という例文に関して説明したものと同じである。(28) は奇妙だが、三人の男が入ってきたことが正しい限り、真であり、「冊」という分類辞の使用は、男が冊子状の物であるというまちがった含みをもつために適切ではない。これと同じく、ともだちが来たのはさっちゃんだけだとしても、つまり、(27) が偽であるとしても、さっちゃんのともだちが来た限り

は、(23)は適切ではないが、真である。よって、(27)を、(23)が適切であるための条件という意味で、(23)の「適切条件」と呼ぼう。

量化の「も」を含む(22)から、取り立ての「も」を含む(23)-(25)が導かれるということは、(22)が真であるならば、(23)-(25)も真だということである。それだけではない。じつにうまくできていることに、このとき、(23)-(25)の適切条件も満たされる。(24)が真である、つまり、みっちゃんのともだちが来たのならば、さっちゃんのともだち以外のだれかが来たということであるから、(23)の適切条件(27)は真である。同様に、(24)と(25)も、その真理条件が満たされているだけでなく、その適切条件も満たされていることがわかる。

逆に、(23)-(25)がすべて真であり、さっちゃん、みっちゃん、まあちゃんが、このコンテキストで問題となっているこどものすべてであるならば、量化の「も」を含む(22)も真である。量化の「も」を含む(22)が、ただ真であるだけでなく、それが適切であるためには、そこで話題になっているこどもが一人よりも多くなければならないと考えるならば、取り立ての「も」が使われている文が適切条件を満たしている限り、これが満たされていることもわかる。(23)-(25)がすべて真であるならば、次の文も真である。

(29) さっちゃんのともだちも、みっちゃんのともだちも、まあちゃんのともだちも来た。

逆に、(29) が真であるならば、(23)−(25) もすべて真である。さっちゃん、みっちゃん、まあちゃんが、ここで話題になっているこどもの全部ならば、量化を含む (22) は、(23)−(25) の連言に等しい (29) と同値である。(22) のような種類の量化と連言とのあいだに密接な関係があることは、論理学での常識のひとつだが、それが、日本語の場合、二種類の「も」のあいだの関係として目に見えるかたちで存在していることは自慢してよいことかもしれない。

指示詞と付値

こうして、量化の「も」と取り立ての「も」のあいだの関係がわかった以上、量化の「も」を含む文の真理条件を、取り立ての「も」を含む文の真理条件によって説明することに問題はないと思われる。いま (22) に関してしたように、そこで話題となっている領域——(22) の場合は、それが使われるコンテキストにおけるこども——の要素をすべて数え上げ、そのひとつひとつについて、問題となっている条件——(22) の場合は、そのとも

だちが来たという条件——が成り立つという文を作り、そうした文のすべてが真であるときに限り、量化の「も」を含む文もまた真であるとすればよい。

ここでの問題は、どのようにして、量化の範囲にある要素のすべてを数え上げるかということにある。そうした要素のすべてが、他から区別できるような名前をもっている場合はよい。しかし、そうした名前をもっていることはわかっていても、実際にそれがどういう名前なのか知らない場合もあるし、そもそも名前をもたない場合もある。人の場合は、たがいに区別できるかどうかはともかく、名前があるだろうが、人以外の場合は、それに固有の名前をもたないのがふつうである。たとえば、

(30) どのビールもよく冷えている。

という文を考えよう。ここには「ビール」という不可算名詞が現れているが、これが実際には、冷蔵庫の中にある何本かの缶ビールがどれもよく冷えているといった意味の、可算の量化であることは明らかである。自分の車に名前を付ける人はいるが、そのうちに飲んでしまう缶ビールの一本一本に名前を付ける人がいるとしたら、それはよっぽど変わった人だろう。

したがって、冷蔵庫の中の缶ビールに名前は付いていないとしよう。さて、このとき、(30)が正しいかどうかを確かめるために、人はどうするだろうか。いちばん確実なのは、冷蔵庫の中の缶ビールを一本ずつ手に取り、それが冷えているかどうかを見ることだろう。この手続きを「儀式化」することもできる。つまり、缶ビールの一本を指差すなり、手に持つなりして、それがよく冷えていることを確かめ、

(31)このビールもよく冷えている。

と言い、次の一本に移り、まだチェックされていない缶ビールがなくなるまで、同じことを繰り返すのである。その間ずっと(31)と言われ続けた、言い換えれば、(31)が真であったならば、(30)も真であり、一回でも(31)と言われなかった、つまり、(31)が偽であったならば、(30)は偽である。

これと同じ方法が

(22)どのこどものともだちも来た。

にも使えることは明らかである。話題になっているこどもたちが目の前にいるが、その子たちの名前はまったく知らないとしても、(22)が真であるかどうかを知るためには、ひとりひとりのこどもを順番に指差して、ともだちが来たかをたずねればよい。来たという答えが戻ってきたならば、

(32) このこどものともだちも来た。

と言って、まだたずねていないこどもがいなくなるまで、同じことを繰り返すのである。「このビール」や「このこども」のような指示表現は、言語哲学では、「直示表現」と呼ばれる種類の表現だとされる。直示表現がそう名付けられているのは、それが使われるときには必ず、何らかの直示が伴うからである。「直示」の原語は、「デモンストレーション」であるが、それは、この場合、実演するとか、実物を見せるといった意味である。「このビール」と言って、ビールの缶を指差したり、「このこども」と言って、あるこどもの方に手をひらひらさせたりするのは、こうした直示の例である。こうした直示は、「このこども」のような言語表現に、ある特定のこどもを対応させるはたらきをしている。

「このこども」は、それが指示するはずのこどもがその場にいなければ使えないわけでは

ない。たとえば、きのうあった行事について、こどもの名簿を見ながら、（32）と言うような場合、こども本人がその場にいなくとも、名簿の名前を指差すことによって、「このこども」を、特定のこどもに対応付けることができる。

直示ができる場合に限らず、こうした場合も含めて、指示詞への対象の対応付けを、論理学での用語にならって、指示詞への「付値 assignment」と呼ぼう。表現への付値は、その表現に対応付けられる対象が同じである限り、同じ付値である。論理学に出てくる付値は、同時に、多数の表現――「変項」と呼ばれる種類の表現――にそれぞれ対象を対応付けなければならないから、複雑なものになる。この先で見るように、不定詞による量化の場合も、それが重なって用いられる場合には、複数の指示詞に同時に人や物をわりあてなければならない。いま考えている例では、ごく単純に、「このこども」という指示詞への付値とは、それに特定のこどもを対応付けることにすぎない。したがって、そのコンテキストにおけるこどもの数と、「このこども」への異なる付値の数とは一致する。

「このこども」のような指示詞を含む文の真偽は、その指示詞が何と対応付けられているかによって変化する。たとえば、

（33）この犬はよく吠える。

という文があるとしよう。「この犬」が、近所のアイちゃんと対応付けられるならば、この文は偽である――アイちゃんが吠えているのを私はほとんど見たことがない。他方、「この犬」に対応付けられるのが、やはり近所のヨッちゃんならば、この文は真である――近所のだれもが、ヨッちゃんがだれにでも吠えることを知っている。したがって、(33)のような文の真偽は、「この犬」に何が対応付けられるか、すなわち、「この犬」への付値と相対的にしか決まらない。

さて、そうすると、

(22) どのこどものともだちも来た。

が真であるための必要十分条件は、

(32) このこどものともだちも来た。

が、「このこども」への付値のどれをとっても、それと相対的に真であることである。とこ

ろで、「このこども」への付値を決めておけば、(32)の真偽は、その同じ付値のもとでの

(34) このこどものともだちが来た。

の真偽と一致する。結局、(22)が真であるための必要十分条件は、「このこども」への付値のいずれを取っても、それと相対的に(34)が真であることである。

このように、「どのこども」による量化を、「このこども」のような指示詞のはたらきから説明できるのは、先にも触れた「こそあど」系列の表現がもつ共通点、すなわち、同じコンテキストでは、同一の領域が、量化あるいは指示の範囲となることに依存している。「どのこども」によって量化される、こどもの範囲と、「このこども」によって指示することができる、こどもの範囲とが一致するからこそ、「このこども」に対する付値の全体は、「どのこども」の量化の範囲と一致するという保証が与えられ、それゆえ、「このこども」が指示できる範囲のどのこどもについても(34)が真であるならば、(22)も真であると結論できるのである。

第3章で述べたことを思い出してほしい。

(35) こどもの大部分が笑った。

のような文で、「こども」は複数確定記述であって、(35)を主張することのなかには、それが使われるコンテキストにおけるこどもの全体が存在するという主張が含まれていて、もしもこどもがひとりもいないようなコンテキストでは(35)は偽となるとした。

しかし、もしも(35)の「こども」を確定記述とみなすのであれば、これとは別の考え方もありうる。それは、こどもがひとりもいないようなコンテキストで(35)と言われたならば、その主張は真でも偽でもないと考えることである。つまり、言われたことに対して「その通りだ」とも「うそだ」とも言えないとすることである。英語の確定記述については、むしろそのように考える方が、言語哲学や形式意味論の中では現在主流かもしれない。

(35)の発言が真もしくは偽と評価されるために成り立っていなければならないことを(35)の「前提」と呼ぶ。何かが存在していることが、この前提の内容であるとき、それは

「存在前提」と呼ばれる。現在の主流の考えによれば、(35)があるコンテキストで使用された場合、そのコンテキストにおけるこどもの全体が存在することが、(35)の存在前提である。

こうした最近の傾向にさからって、こどもがひとりもいないコンテキストで(35)は偽であると主張することは、十分に可能であると私は考えるが、こどもがひとりもいないコンテキストでは、

(1) どのこどもも笑った。

は、(35)とは違って、偽になるとは考えない。(1)は、真でないだけでなく、偽でもないと考える。話題となっている事物のなかにこどもがひとりも含まれない場合、(1)は真でも偽でもないと考える理由は、「どの」が、「こそあど」系列の言葉であり、(1)のような文の真理条件が、「どのこども」の代わりに「このこども」が現れる文の真理条件に依存することにある。一般に、「こそあど」系列の言葉は、それが指示する対象が存在することを、その使用の前提とする。このことがもっとも明白なのは、「これ」、「それ」、「あれ」といった指示詞の場合である。何もないところを指差しながら、

（36）私はこれが欲しい。

と言っている人を考えてみるとよい。その人が、「これ」で指していそうなものが、どのようにしても見つからなかったり、そうかもしれないと思われるものについて、それがその人の欲しいものかと尋ねても、すべて否定されるような場合、われわれは、（36）が真か偽かと考えることをやめるだろう。

同様に、どんなこどもも、その場にいず、話題にもなっていないところで、

（37）このこどもも笑った。

と言われても、聞き違いかと思うぐらいが関の山だろう。こうしたコンテキストでは、（37）は真でも偽でもなく、したがって、（37）のような文を通じてその真理条件が与えられる（1）もまた、真でも偽でもないと判断すべきである。

いまと同じことを、別の仕方で述べれば、次のようになる。あるコンテキストで、（1）が真であるとは、その同じコンテキストでの「このこども」への付値のどれについても、

それと相対的に（37）が真であることであった。言い換えれば、「このこども」がコンテキスト中のどのこどもを指そうが、（37）が成り立つならば、（1）は真であり、その逆に、「このこども」で、あるこどもを指すとき（37）が偽となることがあれば、（1）は偽である。コンテキスト中にこどもが一切現れないということは、「このこども」に対応させるべきものがいっさいないということである。つまり、「このこども」への付値はありえない。しかし、（37）は、付値と相対的にのみ真偽が言える文である。よって、（37）は真でも偽でもありえず、それゆえ、（1）もまた、真でも偽でもありえない。

「全称命題」と存在前提

確定記述にしても、また、日本語の指示詞のような直示表現にしても、それが指す対象が存在しない場合の取り扱いをどうするかということは、フレーゲやラッセルの頃から勘定すれば百年以上にわたって、言語哲学の問題であり続けてきた。それだけに、ここでのような扱いが、だれからも受け入れられると考えるのは楽観的にすぎるというものだろう。

だが、もしも日本語の量化における存在前提について、ここで私が取っているような立場が正しいならば、いわゆる全称命題についての、論理学の教科書に出てくるような扱いは、誤りとまでは言えなくとも、かなり怪しいという結論が出てくることには、簡単にで

も触れておきたい。

「全称命題」という言葉は、どうやら高校の数学で出てくるようだが、数学ではない例を探そうとすると、次のような文がその例として挙げられることが多い。つまり、比例的数量名詞「すべて」が、全称量化を表現すると考えるのが一般的だからだろう。

(38) すべての人間はいつか死ぬ。

こうした文は、じつは「総称文」と呼ばれる種類の文であって、次の章で詳しく論じるように、しばしば全称文と混同される。しかも、そうした混同のおそれがない自然な文を見つけることは、とてもむずかしい。論理学の教科書に出て来そうな文は、

(39) すべてのこどもが笑った。

といったものだが、これはきわめて不自然な文だと私には感じられる。「すべて」を「全員」に代えて、語順を変えた文

（40）こどもの全員が笑った。

とすれば、だいぶましだろう。あるいは、不定詞を使って

（41）どのこどもも笑った。

とすれば、不自然なところはない。（40）は、比例的な数量名詞による量化を含む文であり、（41）は不定詞と「も」による量化を含む文である。私がここで取っている立場によれば、（40）と（41）は同値ではない。こどもがまったく話題になっていないようなコンテキストでは、（40）は偽であるのに対して、（41）は真でも偽でもないからである。

さらに面白いことに、論理学の教科書におけるような扱いでは、（39）は、（40）とも、また、（41）とも同値ではない。そこでは、（39）は、次のように書き換えられる。

（42）どんな対象についても、もしもそれがこどもであるならば、それは笑った。

これが、おそろしく不自然な文であることは、いまは問題としない。問題は、もしもこ

どもがひとりもいなければ（42）は真となるということである。つまり、こどもの存在しないコンテキストでは、（39）は真、（40）は偽、（41）は真でも偽でもないということになる。（42）で表されるような真理条件をもつ文は、（39）ではなく、次だろう。

（43）笑わなかったこどもはいない。

そもそもこどもがいなければ、笑わなかったこどももいない。よって、こどもがいないとき、（43）は真である。つまり、（43）は、こどもの存在を、（40）のように主張することもなければ、（41）のように前提することもない文である。

「か」の意味論

不定詞と一緒に使われて量化を行うのは「も」だけではない。「か」もそうであることを忘れてはいけない。「か」は、量化に用いられるだけでなく、「選言」と呼ばれる論理的操作を表現するのにも用いられるし、さらには、疑問の表現には欠くことのできない表現である。

量化に関して、「か」のはたらき方は、「も」とくらべると格段に単純である。その理由

は、「も」が不定詞から離れたところに現れることができ、また、「も」がどこに現れるかによって、異なる意味をもつのに対して、一般に「か」は、不定詞の直後にしか現れないからである。不定詞と「か」の組み合わせによる量化の典型は、

（44）どのこどもかのともだちが来た。

といった文に見ることができる。「か」が「どのこども」から離れて現れる文

（45）?どのこどものともだちかが来た。

は、十分意味が取れる文であるし、人によっては、この文に何の問題もないと判断するかもしれないが、文法的には怪しいとされることが多い（「?」は、「*」というマークが示すほどではないが、文法的には疑問であるという印である）。よって、ここでは、（44）のような文だけを扱うことにする。

「も」による量化の場合と同じく、（44）が真であるかどうかを調べるには、そのコンテキストにおけるこどものひとりひとりについて、

(46) このこどものともだちが来た。

という文が真であるかどうかをみればよい。「も」の場合との違いは、「どの」を「この」に代えるだけでなく、(44)にあった「か」を削除することも必要だという点である。

すべてのこどもについて(46)が成り立つかどうかをみて、もしも(46)がこどものうちのひとりについてでも成り立つならば、(44)も真であり、(46)がどのこどもについても成り立たないならば、(44)は偽だと結論できる。付値という概念を使えば、これは次のように言い換えられる。「このこども」への付値のどれかと相対的に(46)が真であるならば(44)は真であり、そうした付値がなければ、すなわち、どんな付値を取っても(46)がそれと相対的に真となることがないならば、(44)は偽である。

不定詞による多重量化

「も」による量化の特徴は、

(22) どのこどものともだちも来た。

のように、離れたところにある不定詞を量化できるだけでなく、

(47) どのこどものどのともだちも来た。

のように、複数の不定詞を同時に量化できることにもある。次の文では、三つの不定詞が一つの「も」で同時に量化されている。

(48) どのこどもがどのともだちに出したどの手紙も届いた。

これまで扱ったような例では、付値などという聞き慣れないものを導入することに、いったい何の得があるのかと思っても不思議はない。論理学から借りてきたこの概念が役に立つのは、いまのような文、また、この先で触れるような、さらに複雑な文を扱うときである。

さて、(47) が真であるかどうかは、どうやって確かめられるだろうか。まず、こどものひとりを取り上げて、

(49) このこどものどのともだちも来た。

が正しいかどうかを見ることになろう。ついで、このこどものともだちを順番に取り上げて、

(50) このこどものこのともだちも来た。

が正しいかどうかを見ることになる。

このように段階を踏んでいくやり方ではなく、いっぺんで済ませるやり方もある。それは、(47)に現れる二つの不定詞のそれぞれに対象を対応させる付値の全体を考えることである。そうした付値のひとつは、次のように表される。

一番目 ↓ さっちゃん
二番目 ↓ まあちゃん

「一番目」と「二番目」は、それに対応する不定詞が（47）で現れる順番である。あるいは、表に現れる順番を、この順番と同じにすれば、もっとコンパクトに

〈さっちゃん、まあちゃん〉

のように書いてもよい。論理学でなされるように、この特定の付値を「σ」と名付けて、次のように書くこともできる。

σ(1)＝さっちゃん
σ(2)＝まあちゃん

この付値においては、「このこども」には、（47）が使われたコンテキストにおけるこどもが対応付けられ、「このともだち」には、このこどものともだち――それは、こどもとは限らない、おとなでも、犬でも、場合によっては、人形でもありうる――が対応付けられる。こうした付値のすべてについて、（50）がそれと相対的に真であるならば、（47）は真であり、その逆も正しい。

いまの例は、複数の不定詞が量化されるとはいえ、「も」による量化を一回しか含まないものであったが、「も」による量化と「か」による量化が両方現れたり、このそれぞれが、いろいろな組み合わせで複数回現れるような文もある。「だれも」と「だれか」の両方が一回ずつ現れる二つのパターンを挙げよう。

(51) だれもがだれかをねたんでいる。
(52) だれかをねたんでいるだれもがいやな思いをした。

言語学のある分野や論理学で、こうした文にひんぱんに出会う理由は、量化のスコープ(範囲)という概念を説明するためである。第3章の終わり近くでも、数量名詞による量化が複数現れる文に関して、この概念が出てきたことを覚えている読者もいるだろう。「伝統的論理学」と呼ばれる、フレーゲ以前の論理学で必ず出会う例文は、「すべての人間は死ぬ定めにある」といったものだったが、それに代わって、いまほとんど必ずのように出会うのは、(51)のような文――「ねたんでいる」は、まず現れず、「愛している」が現れることの方が多い――だろう。(51)の自然な解釈は、だれもが、同じ人とは限らないが、だれかある人をねたんでいるというものだろう。これは、「だれかをねたんでいる」と

いうことが、だれについても成り立つと言っているので、「だれか」の及ぶ範囲、つまり、スコープは「だれかをねたんでいる」という部分だけだが、「だれも」のスコープは文全体だということになる。

これほど自然な解釈ではないが、(51)には、だれもが共通に、あるだれかをねたんでいるという解釈もある。「だれか」に強調を置けば、こういう解釈もあることがわかる。こちらの解釈では、スコープの関係が逆になって、「だれか」のスコープは文全体で、「だれも」のそれは「だれもが……ねたんでいる」という部分だけということになる。(52)についても、だれもから共通にねたまれている人がいるということが帰結する解釈と、そうでない解釈の両方がある。

「どの」と「も」による量化が関係する場合は、さらに複雑になる。たとえば、次のような文である。

(53) どのこどものどの親にもどの先生かが会った。

先にも触れたが、付値という論理的道具がその真価を発揮するのは、こうした文を扱うときである。もちろん、論理学の教科書に載っているような定義や定理を、日本語であろ

うが英語であろうが、自然言語にそのまま適用できるわけはない。さまざまな工夫が必要になる。だが、まさにそこにこそ、具体的な言語を扱うことのいちばんの魅力がある。

不定詞量化と数量名詞量化——二つのパターン

不定詞による量化が、第2章と第3章で扱った数量名詞による量化と組み合わせて用いられることは、もちろんである。つまり、本書で扱ったさまざまな種類の量化は、同じ種類どうし、異なる種類どうし、いずれの仕方でも組み合わせて用いることができる。

数量名詞による量化と不定詞による量化の組み合わせは、二つのパターンに分類できる。第一のパターンは、二種類の量化が、文の終わりにある述部を補足する、たがいに独立の名詞句の中に現れるものである。

(54) どのこどもも三人の先生が教えた。

述部の「教えた」に対して、その目的格となっている「どのこどもも」は不定詞による量化であり、主格になっている「三人の先生が」は数量名詞「三人」による量化である。数量名詞どうしの多重量化の場合と同じく、(54)も、それぞれの量化のスコープをどう取

るかによって、異なる解釈ができる。「どのこどもも」の方が「三人の先生が」よりも広いスコープをもつと考えれば、(54)は、こどもみんなに共通とは限らない、三人の先生が、それぞれのこどもを教えたという意味になり、逆に「三人の先生が」の方が広いスコープをもつと考えれば、こどもみんなに共通の三人の先生がいて、どのこどもも、その三人の先生に教わったという意味になる。

第二のパターンは、不定詞による量化となっている名詞句の中に数量名詞による量化が現れるか、あるいは、その逆というものである。次の(55)は前者の場合、(56)は後者の場合である。

(55) 半分以上のこどもを教えたどの先生も来た。
(56) どのこどもかを教えた多数の先生が来た。

このどちらの文についても、スコープの取り方によって、二通りの意味になる。(55)について言えば、「半分以上のこども」のスコープの方が広いと考えたときには、こどものなかである特定のこどもたちがいて、そのこどもたちは全体の半分以上で、そのこどもたちを教えた先生はみんな来たという意味になる。もうひとつの解釈は、「どの先生」のスコー

プの方が広いと考えるものである。この場合は、それぞれの先生が教えたこどもはたがいに違うかもしれないが、こどものなかの半分以上を教えた先生はみな来たという意味になる。(56)も、これと同様に、二通りの意味にとれる。それぞれがどんな意味かを考えてみられるとよい。

不定詞と数量名詞による量化の組み合わせの、この二つのパターンに関しては、ここまでその概略を紹介してきたような、それぞれの種類の量化についての扱いを組み合わせることで済みそうだというのが、私の予想である。もちろん、こうした探究には、単純な見落とし、思いがけない反例の出現、さらには、理論の根本的欠陥の発見といった事柄がつきものなので、この予想があたらないということは十分ありうる。

不定詞量化と数量名詞量化——第三のパターン

しかし、いまのところ、私がいちばんの問題だと考えているのは、次の二つの例に見られるような第三のパターンである。

(57) どのこどものともだちも三人以上来た。
(58) どのこどものともだちも大部分来た。

この二つの文の真偽を確かめるためには、「どのこども」を「このこども」に置き換えた

(57′) このこどものともだちも三人以上来た。
(58′) このこどものともだちも大部分来た。

が、「このこども」への付値と相対的に真であるかどうかをみる必要がある。(58′)で「このこどものともだち」が複数確定記述であることは、「大部分」という比例的な数量名詞とともに使われていることから明確である。他方、(57′)の「このこどものともだち」はどうだろうか。これが確定的でなく、不確定的であることはたしかだと思われる。この文の真偽——特定のコンテキストにおける、特定の付値と相対的な真偽——を知るのに、「このこどものともだち」の全体が何であるかを知る必要はないから、「このこどものともだち」が、そうした全体を指す確定記述であると考える必要はないからである。

ここまでは、とくに問題はない。(57)と(58)は、数量名詞が述部に現れているために、(57′)と(58′)で「も」が受ける名詞句が、確定的なのか、それとも、不確定的なのかを判断することができた。問題は、「も」に続く述部に、そうした手がかりがないときである。

量化の「も」が、取り立ての「も」から説明できることを示すために例に取った

（22）どのこどものともだちも来た。

がまさに、そうした場合である。この説明の際、量化の「も」を含む（22）に対して、取り立ての「も」を含む

（32）このこどものともだちも来た。

を考えたが、そのとき、ここに現れる「このこどものともだち」が確定的か不確定的かと迷ったりはしなかった。それは、これが不確定的であることは明らかであると思われたからである。（32）が真であるためには、「このこども」のともだちのうちのだれか特定のこどもが来たとか、ともだちの全員が来たということは必要なく、ともだちのうちの少なくともひとりが来たので十分である。

しかし、次の文はどうだろうか。

（59）どのこどものともだちも小学生だ。

これは、どのこどもにも小学生のともだちがいるという意味ではなく、どのこどもについても、そのともだちは小学生に限られているという意味だと理解されるだろう。このような読みが出てくるようにするために、（59）に対応する

（60）このこどものともだちも小学生だ。

の「このこどものともだち」が、複数確定記述であって、このこどものともだちの全体を指すと考えればよい。

「このこどものともだち」という同じ名詞句が、（32）では不確定記述、（60）では確定記述になるという、この違いは、何に由来するのだろうか。「来た」と「小学生だ」という述語が違いを生み出しているのはたしかのようにみえる。しかし、どのような違いが、この二つの述語のあいだにあるからなのだろうか。いくつかの考えがないわけではないが、私にとって、この問題はまだ宿題のままである。とはいえ、これは、不定詞による量化の問題とは別の問題である。

疑問文の意味論

この章のはじめで述べたように、「だれ」、「どんな＋普通名詞」、「どの＋普通名詞」、「どうして」といった不定詞は、量化に用いられるだけでなく、疑問を表現するためにも用いられる。こうした不定詞のなかでも、「だれ」と「どの＋普通名詞」を使って作られる疑問文は、不定詞を含む疑問文一般にはない特徴をもっている。それは、そうした疑問へのありうる答えの全体が、疑問文そのものによって決定されるという特徴である。

（61）どの先生がどのこどもを教えましたか。

といった疑問文を取り上げよう。（註）（61）が使われたコンテキストで話題になっている先生とこどもがだれであるかがわかれば、正しい答えが何であるかは知らなくとも、（61）への答えがどのようなものとなるかは容易にわかる。つまり、「だれとだれが、だれとだれを教えた」といったタイプの答えである。これが、不定詞を含む疑問文一般に成り立たないことは、「どんな」を使った、次の疑問文を考えれば納得できよう。

（62）どんな先生がどんなこどもを教えましたか。

次のいずれもが、この疑問文への答えでありうる。しかも、どの答えも他の答えを排除しない。場合によっては、このすべてが（62）への正しい答えでありうる。

（a）大学を出たての若い先生が、学校に入ったばかりのこどもを教えました。
（b）先生は田中さんのともだちで、こどもは田中さんの知り合いのこどもです。
（c）先生はいつも遅れてきて、こどもたちはおたがいどうし、しょっちゅう喧嘩していました。

これに対して、（61）のような疑問文は、それへの可能な答えを数え上げることができ、そのうちのどれか一つが正しい答えであることもわかる。これは、不定詞を含まない疑問文についても同じである。

（63）田中さんはしーちゃんを教えましたか。

この疑問文への可能な答えは、「はい、教えました」と「いいえ、教えませんでした」の二つであり、そのどちらかが正しいことを、われわれは知っている。（61）や（63）に代表される種類の疑問文は、何がそれへの答えでありうるかを文自体から読み取ることができる。それゆえ、こうした疑問文の意味論は、（62）のように、その答えが予測できない疑問文の意味論よりは、ずっと簡単なものになる。実際、そうした意味論はすでに、何通りか存在している。ここでは、「分割 partition」という概念を用いる方法を紹介しよう。

（註）この例文は、これまでの例文とは違い、「教えました」という丁寧体を使っているが、疑問文は相手に対して答えを求める疑問を表現するために、「か」を使うときには丁寧体にするというのが、日本語の決まりだからである。親しい間柄ならば、「か」の代わりに「の」を使って、「どの先生がどのこどもを教えたの。」と言うことができるが、「の」は、「か」と違って、「どの先生がどのこどもを教えたか知っている。」のような間接疑問を作ることができないので、「か」の方が意味論的には、より重要である。

セルと分割

（61）どの先生がどのこどもを教えましたか。

という疑問文が発せられたコンテキストで、先生は、田中さんと山田さんの二人、こどもは、さっちゃんとまあちゃんの二人だけが話題になっているとしよう。どの先生とどのこどものあいだに「教えた」という関係が成り立つかどうかという観点から、ありうる場合を分類することができる——おおげさな言い方がいやでなければ、可能世界を分類すると言ってもよい。

そうするには、

1 田中さんがさっちゃんを教えた。
2 田中さんがまあちゃんを教えた。
3 山田さんがさっちゃんを教えた。
4 山田さんがまあちゃんを教えた。

という四通りの可能性をもとに、この組み合わせの全体を考えればよい。たとえば、そうした組み合わせのひとつは、田中さんがさっちゃんとまあちゃんの両方を教え、山田さんはまあちゃんだけを教えたといったものになる。もしも、四通りの可能性がたがいに独立である——どれかが成り立つことが、他が成り立つことを排除しない——ならば、こうした組み合わせの全体は$2^4=16$個ある。つまり、(61)という疑問文は、十六通りの組み合わせのうちのどれが現実に成り立っているかを尋ねていると言ってよい。

ここで、「どの」による量化のときに、文に現れる不定詞のそれぞれに対象を対応させる付値というものを考えたことを思い出してほしい。(61)の最後の「か」を取り去った

(64) どの先生がどのこどもを教えました

は、文として完結したものではないが、二つの不定詞「どの先生」と「どのこども」に、田中さんとさっちゃんを、この順番で対応させたものが、1－4の四通りの可能性のうちの最初のもの1を表していると考えることもできる。付値の概念を使えば、1－4の可能性は、異なる付値σ_1、σ_2、σ_3、σ_4によって表すことができる。σ_1が、「どの先生」に田中さんを、「どのこども」にさっちゃんを対応させ、σ_2は、「どの先生」に田中さん、「どのこ

ども」にまあちゃんを対応させるという具合になる。先に出てきた表記法では、

$\sigma_1(1)$ = 田中さん　$\sigma_1(2)$ = さっちゃん

と書かれる。

(64)の不定詞を指示詞に代えた

(65)この先生がこのこどもを教えました。

は、完結した文となり、特定の付値と相対的に真もしくは偽となる。σ_1からσ_4の付値のもとで、(65)の真偽が次のようになっているとする。

〈σ_1、真〉〈σ_2、真〉〈σ_3、偽〉〈σ_4、真〉

これは、先に可能な組み合わせの例として挙げた、田中さんがさっちゃんとまあちゃんの両方を教え、山田さんがまあちゃんだけを教えた場合である。このように、可能な付値

のそれぞれのもとでの（65）の真偽がどうなるかを示している表現は、ひとつの「セル（cell）」を表していると言われる。

異なるセルは、世界の異なるあり方に対応している。現在の例では、そうしたセルは全部で十六個ある。それは、それぞれの付値のもとで、（65）が真もしくは偽となる仕方が全部で十六通りあるからである。これは、先に、1－4の可能性の組み合わせが全体で十六個あると述べたことを、付値の概念を使って述べ直しただけのことである。

この十六個のセル全部を数え上げた表を考えよう。

1	$\langle \sigma_1$, 真$\rangle$	$\langle \sigma_2$, 真$\rangle$	$\langle \sigma_3$, 真$\rangle$	$\langle \sigma_4$, 真$\rangle$
2	$\langle \sigma_1$, 真$\rangle$	$\langle \sigma_2$, 真$\rangle$	$\langle \sigma_3$, 真$\rangle$	$\langle \sigma_4$, 偽$\rangle$
	…………………			
16	$\langle \sigma_1$, 偽$\rangle$	$\langle \sigma_2$, 偽$\rangle$	$\langle \sigma_3$, 偽$\rangle$	$\langle \sigma_4$, 偽$\rangle$

この表は、田中さんと山田さんという二人の先生と、さっちゃんとまあちゃんという二人のこどものあいだに、「教える」という関係が成り立つか成り立たないかという観点から分類したときの、世界のあり方の一覧である。「分割」という名称は、世界のあり方の全体を、そうした観点から分割したものという意味から来ている。現実の世界は、この表のどれかの行、つまり、どれかのセルの中にある。

（61）という疑問文は、世界のあり方のこうした分類を提示し、そのなかで現実はどこに属するのかと問うものだと解釈できる。疑問

文への答えは、完全なものでも、不完全で部分的なものでもありうる。完全な答えは、この分割を作っている十六個のセルのうちのどれに現実が属するかを言う。たとえば、田中さんがさっちゃんとまあちゃんの両方を教え、山田さんはまあちゃんだけを教えたという答えは、そうした完全な答えである。他方、田中さんは二人のこどもを教え、山田さんは一人しか教えなかったという答えは、完全な答えではないが、この答えによって、いくつかのセルは排除されるから、不完全ではあるが、部分的な答えにはなっている。

疑問と量化

分割という概念によって疑問文の意味論を与えた理論家のひとりであるヒギンボサムが言ったように、分割は「可能性の空間」を表す。可能性の空間を提示するのが、疑問文である。

セル全部を数え上げた表を見ればわかるように、この空間には、水平方向と垂直方向とがある。先の例で言えば、水平方向を構成する行に共通しているのは、

(65) この先生がこのこどもを教えました。

という文に現れる二つの指示詞「この先生」と「このこども」に対する付値のすべての数え上げであり、他方、垂直方向は、付値と相対的に（65）が取る真偽のあらゆる組み合わせによって生み出される。

つまり、ここで扱っているような疑問文の意味論は、不定詞による量化を含む文の意味論を拡張したものになっている。その証拠に、疑問文

（61）どの先生がどのこどもを教えましたか。

への完全な答えを知ることができれば、次のような文の真偽を知ることもできる。

（66）どの先生もどのこどもも教えた。

（67）どの先生かがどのこどもも教えた。

それだけではない。そのときには、数量名詞による量化を含む次のような文の真偽もわかることになる。

(68) どの先生も三人のこどもを教えた。
(69) 大部分の先生が半数のこどもを教えた。

これは言い換えれば、(66)–(69)を丁寧体で終わらせて「か」を付加することで作られる疑問文への答えがわかるということでもある。こうした疑問文は、「はい」か「いいえ」で答えられる疑問文であるが、

(70) どの先生がどのこどもも教えましたか。

のように、「はい」か「いいえ」とは違う答えを要求する疑問文に関しても、それへの完全な答えは、(61)への完全な答えから導くことができる。

こうした事実が示していることは、「平叙文」と呼ばれる、真偽を問題にできる文どうしだけでなく、疑問文と平叙文のあいだにも、また、疑問文どうしのあいだにも論理的関係があるということである。こうした関係を体系化することによって、もっぱら平叙文を対象としてきた論理学の範囲を拡張することは、興味深いだけでなく、有意義な企てでもあるだろう。

日本語の「こそあど」系列の表現ほど、指示と量化と疑問のあいだに密接な関係があることを示してくれているものは、そうそうはないように思われる。論理学のいま考えているような拡張のための手がかりとして、これを使わない法はないだろう。

この章のまとめ

- 不定詞による量化は、ひとりひとりのこどものような個体か、あるいは、一組ずつの夫婦やこどものようなものに限定される。この点で、不定詞による量化は、「三人」や「半分」のような数量名詞による量化が、ひとりひとりのこどもや一組ずつの夫婦だけでなく、複数のこどもや複数組の夫婦に対してもなされるのと対照的である。
- 不定詞の量化のこの特色は、「こ」、「そ」、「あ」で始まる指示詞が指示できる範囲が同様に、ひとりひとりのこどもや一組ずつの夫婦であることと共通している。ひとりひとりのこどもや一組の夫婦を、「こども」や「夫婦」という述語を満足する最小要素と呼べば、「こそあど」系列の表現は、その指示や量化が、最小要素に限られる

という点で共通している。不可算の領域に最小要素は存在しないから、「こそあど」系列の表現は、不可算の領域には用いられない。用いられているようにみえる場合は、不可算名詞の可算化が生じている場合である。

- 不定詞と「も」による量化を含む文の真理条件は、付値という概念を介して、不定詞と量化の「も」の代わりに、指示詞と取り立ての「も」が現れる文の真理条件から説明できる。
- 「こそあど」系列の表現は、それが指示する、あるいは、量化する範囲が空《くう》でないことを前提とする。この前提が満たされていないとき、そうした表現を含む文は、真でも偽でもない。
- 不定詞による量化は、たがいに組み合わせて用いられるだけでなく、数量名詞による量化とも組み合わせて用いられる。
- 「だれ」と「どの」を用いて作られる疑問文は、比較的単純な仕方で、その意味論を与えることができる。分割という概念に基づくこの意味論は、不定詞による量化の意味論のときと同じ付値の概念を使って構成される。このことは、不定詞による量化、指示詞による指示、不定詞を含む疑問という三者のあいだに密接な関係が存在することを示す。

第5章 「こどもはよく笑う」

全称文と総称文

まず、二つの例文を見てもらおう。

(1)こどもはよく笑う。
(2)こどもは全員来る。

いまのようにコンテキストなしで、この二つの文を示されたとき、(2)には少し戸惑うかもしれないが、(1)については、それが「こどもというものは、よく笑うものだ」といった意味だとまず考えるのではないだろうか。(2)といった発言が自然なコンテキストとしては、予定されている何か、それはハイキングかもしれないし、パーティかもしれないが、それにだれが来るだろうかといったことが話題になっているといった場面が考えられる。そうしたときに、(2)は、「大人はともかく、こどもは全員来る」といった意味になるだろう。

(1)と(2)が、このように解釈されるとしよう。ここで注目したいのは、それぞれの文で、「こども」は、だれを指すかということと、どちらの文でも文を終わらせている「笑う」、あるいは、「来る」といった動詞述語のはたらき方のちがいである。

まず、いま考えているような解釈のもとで、(2)の「こども」がだれを指すかははっきりしている。それは、そこで話題となっている範囲のこどもの全体である。したがって、この「こども」は複数確定記述としてはたらいている。このことは、「全員」という比例的数量名詞が用いられていることからもわかる。他方、(1)の「こども」はだれを指すのだろうか。それは、単数であろうが複数であろうが、特定のこどもではない。それとも、あらゆるこども、いまこどもである人はもちろん、過去にこどもであった人や、これから生まれて来てこどもになる人もひっくるめた、こども全体を指すのだろうか。あるいは、さらに広く、現実にいるいないに関係なく、いたかもしれなかったり、いるようになるかもしれない、存在することが可能なだけのこどもまでも、指すのだろうか。

同様に、文末の動詞述語のはたらきということに関しても、(2)でのそれは比較的はっきりしているのに対して、(1)には、わからない点が多い。「笑う」や「来る」のような動作や行為を表す動詞は、「公園にいる」といった状態を表す動詞と違い、その非過去形が、現在ではなく未来を指す。これは、日本語と限らず、英語をはじめとする他の言語でも成り立つことが知られている。つまり、(2)の「来る」は、ここで言われていることが、これから生じるはずの出来事だということを示している。(1)の「笑う」も同じだろうか。(1)は、こどもはひんぱんに笑うだろうと予言しているのだろうか。そうではないだ

ろう。(1)には、将来だけでなく、過去にもこどもはよく笑ったし、いまでもこどもはよく笑っているということが含まれている。「笑う」という表現は、過去形ではないのに、どうして過去のことについても言うことができるのだろうか。

(1)のような文を「総称文 generic sentence」と呼ぶ。この種類の文は、日常の会話でも、書き物でも、ひんぱんに耳にしたり目にしたりするし、また、人々の思考や行動に大きな影響を与えるのに、そのはたらき方については、よくわかっていない点が多い。さらに、総称文が全称文と異なることは、(2)のような文と比較すると明瞭であるにもかかわらず、これまでしばしば総称文は全称文と混同されてきた。こうした混同には、多くの論理学の教科書にも責任がある。

だが他方で、総称文について考えることは、日本語には少なくとも二種類の文型があり、本書のこれまでの章で取り上げてきた文はすべて、その一方の文型の文に限られていたことに気付かせてくれる。

総称文は、これとは違う、もうひとつの文型に属する文である。したがって、総称文の意味論について考えることは、日本語の意味論にとって重要な部分がまだ手付かずであることを認識することでもある。

総称文の謎

とはいえ、総称文には多くの謎があり、そのひとつでも満足のいく仕方で解決することは容易ではない。

総称文の特徴として多くの場合、まっさきに挙げられるのは、それが例外を許すということである。わかりやすい例で言えば、

(3) カラスは黒い。

といった文が典型である。アルビノのカラスのように白いカラスは存在するが、白いカラスがいるからといって、(3) が偽であるということにはならない。したがって、総称文は、

(4) すべてのカラスは黒い。
(5) どのカラスも黒い。

といった、数量名詞や不定詞による量化を含む、いわゆる全称文とは異なる。まさに同じ違いが (1) と (2) のあいだにもある。「よく笑う」ということが成り立たないこどもが

何人かいるからと言って（1）は偽にならないのに対して、ひとりでも来ないこどもがいれば（2）は偽になる。この違いは、（1）が総称文で、（2）が全称文であることに由来している。

では、総称文は、

（6）ほとんどのカラスは黒い。
（7）九十九パーセントのカラスは黒い。

といった文と同じかと言えば、そうでない例は簡単に見つかる。有名なのは、次の二つのような文である。

（8）ペンギンは卵を産む。
（9）蚊はデング熱を媒介する。

ペンギンのすべてが卵を産むわけではない。まず雌でなければならないし、次に卵を産めるまで成熟していなければならない。これだけで、（8）を真とするペンギンの総数は、

ペンギン全体の半分以下だろうと推測される。(9)はもっと極端である。実際にデング熱を媒介する蚊など、蚊全体の一パーセントにも満たないと思われる。それにもかかわらず、(9)は真であると判断される。

さらに、総称文が、これまで取り上げてきたような量化を含む文と異なることを示す、一般的な特徴がある。総称文は、それがかかわる範囲を、文脈的に限定できず、限定が必要ならば明示的に行うしかない。もう一回、(1)と(2)を見よう。

(1) こどもはよく笑う。
(2) こどもは全員来る。

(2)の「こども」がどの範囲のこどもを指すのかは、それが使われるコンテキストで大きく違うことを、われわれは知っている。たとえば、知り合いの誕生日のパーティが明日予定されているときに、(2)が言われたならば、「こども」は、このパーティに招待されているこどもを指す。別のときに別のところで(2)が言われたならば、「こども」は、そのとき、そのところで予定されている、まったく別の行事に来ると期待されているこどもを指す。こうした限定はその都度断る必要はない。コンテキストが、いわば自動的に、そ

うした限定をしてくれる。

それに対して、(1)は、このようにははたらかない。(1)の「こども」が、こども一般についてではなく、(1)という発言がなされた地域のこどもを指すという具合に、理解されることは決してない。そのように理解してもらいたければ、

(10) このあたりのこどもはよく笑う。

といった具合に、明示的な限定が必要になる。

つまり、総称文は、本書でこれまで取り上げてきた量化のどれによっても説明できない。しかし、総称文が何か一般的なことを述べていることはたしかだと思われる。では、数量名詞でも不定詞でもない何か別の表現が、総称文のこうした一般性を生み出すために使われているのかと言えば、そうしたものは見当たらない。例外を許すとはいえ、一般的な主張を行う語法であるのに、数量名詞や不定詞のように一般性を明示する表現が現れないというのは、総称文のもうひとつの特徴である。

しかも、「例外」を許すと言っても、いま見たように、どれだけの例外を許すかは、総称文の内容によって大きく変動するから、量的な考慮だけではなく、「質的な」考慮を必要と

すると予測される。これもまた、総称文の謎をさらに深める。

総称文は悪用されやすい

言語や論理の問題について考えていると、ときどき、心のなかで、そんなことが何の役に立つのかといった声が聞こえてくる。たしかに、こうした問題はおもしろいが、だれもがそう思うわけではない。「総称文の謎」とか言っても、「それがどうした」と言われるだけのことではないだろうか。実際、「それがどうした」と済まされてもよい問題は、この分野にはたくさんある。しかし、総称文に限っては、そう済ましてよい問題ではないと胸を張って言える。こんなことを言える機会はめったにないだけに、大声で言いたい。総称文について考えることは、社会的にも役立つのである。

半世紀以上も前に亡くなったアメリカの作家に、ジェイムズ・サーバーという人がいる。この人は、『ニューヨーカー』という雑誌の常連で、自分自身で描いた、下手なのかうまいのかわからない挿絵の入った、エッセイとも小説ともつかない文章をたくさん書いていて、いまでもときどき私は、そうした文章のいくつかを思い出す。そうした文章のひとつに「何て素敵な一般化！」というものがある。

自分がこれまで何を収集してきたかという話から、この文章は始まる。どれもはかばか

しい結果とはならなかったこれまでの収集をすべて卒業して、現在何を収集しているかと言えば、「誇張された一般化」だと言うのである。その例として挙がっているのは、次のものである。「（）」のなかはサーバーのコメントである。「女性はぐっすり眠らない（正しい）」、「日本にピアノはない（まちがい）」、「人は芝居を見に行くよりは酒を飲みに行く（半分正しい）」、「建築家はまちがった考えをもっている（議論の余地がある）」、「医者は自分が何をしているのかわかっていない（名誉棄損で訴えられるおそれ）」、「外国人が釣りをしているのを見ることはない（ばかげている）」、「人の家を狙う泥棒はワインを飲まない（興味深いが証明不可能）」、「ピーチ・アイスクリームは決して思ったほどはおいしくない（個人的なことにすぎない）」。このそれぞれについて、このあと、その由来が語られるのだが、それは割愛する。

もちろん原文は英語だが、日本語に直したものを見てもわかるように、サーバーが挙げている「誇張された一般化」はすべて、総称文によって表現されている。これらは文字通り、一般化であるが、「すべて」や「いつも」のような明示的な量化表現は現れない。また、ここで主題になっているものは、これまで挙げてきた「カラス」や「ペンギン」といった自然種ではなく、もっぱら、「建築家」、「医者」、「泥棒」、「外国人」といった、社会的に形成された種、社会種である。「女性」もまた社会種であることは、いまや常識だろう。

日常われわれが耳にする総称文の多くは、「カラス」や「ペンギン」に関するものであるよりは、社会種に関するものである。それは、「日本人」、「クリスチャン」、「ゲイ」、「金持ち」といった大雑把な分類から、「ここに来る客」とか「私の知り合い」といった細かな分類まで、じつに多様である。しかも、われわれが出会う総称文の多くは、どう判断したらよいのか困るものが大部分である。たとえば、次のような発言に対して、人はどう反応するだろうか。

(11) 日本人は気が小さい。
(12) 金持ちはけちだ。

「その通りだ」と賛成する人もいるだろうし、「いや、そんなことはない」と反対する人もいるだろう。しかし、こうした発言の正誤が論争になったら、どうするだろうか。そもそも、正しいか誤っているかを決めるのに、どうすればよいのだろうか。

多くの場合、人は、論争を避け、こうした発言をそのままにしておく。だが、じつは、それはよいことではない。というのは、社会種についての総称文は、しばしば、その社会種に属する人々に対する偏見を助長することにつながるからである。それどころか、場合

によっては、

（13）女性はスカートをはく。

といった総称文がハラスメントの道具となることさえある。

（11）－（13）のような総称文に、そもそも真偽はあるのだろうか。哲学者のなかには、こうした文が特定の人々への偏見を固定化するために、その使用をいっさいやめるべきだと言う人もいる。しかし、ただ「やめよう」と言うだけでは、たいした効力は期待できないだろう。なぜ（11）－（13）のような文は真偽をもちえないのか。総称文一般に真偽がないからだろうか。「カラス」や「ペンギン」のような自然種についての総称文には真偽があるのだとすれば、なぜ「日本人」、「金持ち」、「女性」のような社会種についての総称文には真偽がないのか。それとも、社会種についての総称文のなかにも、真偽が言えるものとそうでないものがあるのか。こうした疑問に答えることがぜひとも必要である。

つまり、総称文についての明確な観念をもつことが、何よりもまず求められる。しかしながら、総称文は全称文としばしば混同される。総称文の方が全称文よりも簡単であるから、こどもは、まず、総称文を通じて世界と社会について学ぶ。たとえば、さまざまな動

物についてこどもが学ぶのは、「カラスは黒い」とか「犬には尻尾がある」といった総称文を通じてである。社会種についても同様で、こどもが先生とか医者といった社会種の存在を知るときには、「先生は学校にいる」とか「お医者さんは注射をする」といった総称文が関係しているだろう。「どのカラスも黒い」とか「お医者さんは全員注射をする」といった文に現れる量化という仕組みが学習されるのは、こどもの発達のずっと後の段階になってのことにすぎない。

しかし、数量名詞や不定詞の使用に習熟していて、量化をよく知っているはずの大人においてでさえ、総称文と全称文は、救いがたいと言いたくなるほどに混同されている。なぜ、こうした混同が根強くあるのだろうか。

なぜ全称文と総称文が混同されるのか

全称文と総称文の混同は、両方向でひんぱんに起こる。たとえば、次の二つの文

(12) 金持ちはけちだ。

(14) 田中さんは金持ちだ。

から

（15）田中さんはけちだ。

という結論を引き出す人は、（12）という総称文を

（16）どの金持ちもけちだ。

のような全称文と混同している。（12）は、総称文である以上、例外を許す文であり、田中さんがそうした例外に当たるか当たらないかが言われていないのだから、（15）という結論を引き出すことはできない。せいぜい「田中さんがけちである公算は高い」といった結論が出せるぐらいである。しかし、（12）と（14）から（15）を引き出す人の多くは、こうしたことに無頓着である。他方、全称文が総称文と混同されてしまうことは、心理学の実験からもさまざまな証拠があがっている。量化の範囲が明示的に特定された形で言われたことであっても、それが記憶されたり、他人に伝達されたりするときには、そうした限定は脱落する傾向があるという。たとえば、

（17）私の知っている金持ちは全員けちだ。

という発言を聞いただれかが、他の人にそのことを伝える段になって、「金持ちはみんなけちだと山田さんは言っていたよ」と言うような場合が、これである。

科学の場面においても、全称文と総称文は混同される。科学で出てくる文の多くは全称文ではなく総称文であるにもかかわらず、両者の区別はあまりついていないようにみえる。科学的知識を表現する文、たとえば、

（18）水は百度で沸騰する。

は、全称文ではなく、総称文である。その証拠に、ここにはどんな量化表現も現れていない（「水」は不可算の名詞であるが、不可算の量化文がありうることは、すでに見た）。もっと知識をもっている人ならば、正確には、「一気圧のもとで」とか「水が純粋であれば」といった、さまざまな条件が必要だと言うかもしれない。しかし、こどもは、沸騰という現象を知るときに、さまざまな条件のついた文ではなく、（18）のような文をまず習う。ひょっと

すると、そのときに、気圧が高かったり低かったりすると百度ではないとか、水に不純物がまざっていれば異なるといったことも教わるかもしれないが、そうした場合は「例外」として、(18)という文はそのまま受け入れられるだろう。つまり、(18)は、全称文ではなく、総称文として理解される。

科学探究の場面でも、目指されているのは、その範囲が注意深く画定された全称文で表現されるような真理ではなく、例外も許すような総称文で表現される真理である。「これまで観察された対象はすべて、こうした性質をもっていた」は、科学的真理の候補にはならない。そうした候補になりうるのは、「こうした種類の対象は、こうした性質をもつ」といった総称文で表現されるような命題である。

(18)のような文は、総称文のもつ、もうひとつの特徴をよく表している。これは、本章の最初の方に挙げた、「カラス」や「ペンギン」のような自然種にかかわる総称文にも言えることだが、総称文によって表現される一般性は、単に偶然的なものであってはならず、何らかの法則性に基づくものではならないという特徴である。自然種や物質についての総称文は、そうした種や物質の「本質」に基づく法則性を表現する。

「日本人」、「金持ち」、「女性」といった社会種についての総称文が社会的に問題だと考えられる最大の理由は、そうした文が総称文として、これらの社会種に「本質」があると想

定させるところにある。そうした「本質」は、ないのかもしれないし、あるのかもしれないが、少なくとも、物質や自然種の「本質」の探究のために歴史を通じて払われてきたような努力がなされていないことは確かである。「日本人」や「金持ち」や「女性」について、個人的印象や偏見から、たまたまもった自分の考えに安住している人の方が圧倒的に多いというのが、実情だろう。

論理学の罪？

現代の論理学は、この一世紀半ほどの期間に、多くのめざましい成果を挙げてきた。それは、数学における証明の分析や、哲学的方法の革新といった理論的な成果にとどまらず、実用的にも現在のソフトウェア技術を生み出した。それは、日本語のような自然言語の研究においても、欠くことのできない道具を提供している。しかし、この論理学は、それが生まれたときに自らに課した限界から、未だに自由になることができていない。その現れのひとつは、第1章で述べたように、この論理学の標準理論では、複数性が取り扱えないことであるが、もうひとつの現れは、全称文と総称文の区別がこの理論のなかではつかないことである。

どれでもよいから、論理学の教科書を見てみるとよい。そこには全称文や全称量化の説

明はあるが、総称文については、たぶん「総称」という言葉を見ることもないだろう。全称文の例として挙がっている文が、実際には総称文であることも決してまれではない。

論理学の教科書の著者にも弁明の余地はある。第一に、総称文についての確立した理論というものが存在しないということがある。ただし、複数性の扱いについては、そのうち、同じ弁明は通用しなくなるだろう。第二に、ある種の総称文は、全称文として扱ってもよいようにみえる。こうした総称文とは、例外をもたない総称文である。前章でも出てきた文（そこでは、「(38)」という番号が付いていた）

(19) すべての人間はいつか死ぬ。

は、「すべて」という数量名詞を用いた量化を含む文であるが、同じ内容を表現する、もっと自然な文は、「すべての」を取り去った

(20) 人間はいつか死ぬ。

であり、これは総称文である。しかし、これは、例外なしに成り立つという点で、総称文

としては例外的である。総称文の多くは例外をもつゆえに、全称文に置き換えることはできない（「総称文は例外をもつ」は、正しい総称文である）が、この例外的な場合には、総称文を全称文に置き換えても、その主張の真偽に影響はない。

とはいえ、ごく自然な文である（20）の存在について頬かむりして、（19）のような不自然な文を例に取るのは、かなり欺瞞的だと言いたくなる。だが、もちろん、全称文と総称文の混同は、何も論理学の教科書だけの責任ではない。論理学を学ぶことで「全称文」という概念を習うだけでも、ひとつの進歩である。それは、人がふだん行っている一般化が、どんな性格のものであるかを反省するきっかけになる。無反省に総称文を連発することの誤りに気付くためにも、全称量化のように、そのはたらき方が明確に理解されている語法について学ぶことは大事だろう。

論理学の教科書にせめて望みたいことは、全称文と総称文の区別をあいまいにするような例文を使うのはやめて、この二つを区別すべきことをはっきり述べてもらうことである。それに加えて、総称文についてはまだ確立された理論がないために教科書で扱うような題材ではないと述べてもよい。もちろん、著者が、総称文についての理論を持ち合わせているのならば、それを述べてもらっても、まったく結構である。

総称文の意味論と日本語

そうは言ったが、総称文についての理論を持ち合わせている人というのは、少数だし、自分の理論に自信を持っている人というのは、さらに少ない。残念ながら、私自身もまた、総称文についての理論を持っているわけではない。

そうすると、現在どのような理論が提案されているのか、それぞれには、どのような長所と短所があるのかを紹介するというのが、定石ということになるのだろうが、それはだれか他の人にお願いすることにして、この章の残りでは、日本語として総称文がこれまでの章で例として挙げてきた文といかに違うかについて述べたい。一言で言って、総称文は、日本語においては、前章までで扱ってきた文と、はっきり異なる種類の文なのである。この事実は、日本語と限らず、総称文一般の意味論に対しても何らかのヒントを与えてくれるかもしれない。

よく指摘されるように、英語で、総称性は三通りの仕方で表現される。

(21) Ravens are black.
(22) The raven is black.
(23) A raven is black.

(21)－(23)には共通に名詞「raven」(カラス)が現れているが、それは、(21)では冠詞をもたない複数形、(22)では定冠詞を伴う単数形、(23)では不定冠詞を伴う単数形という、三通りの仕方で現れている。しかし、この三つの文を日本語に訳するならば、それはすべて同じひとつの文

(3) カラスは黒い。

になるだろう。第1章でも述べたように、日本語は冠詞をもたず、単数と複数の体系的区別もないから、このことは十分予想されることである。むしろ注目したいのは、英語の文の述語「is black」が、たとえば、「is on the lawn」(芝生の上にいる)に取り換えられたとき、日本語への翻訳はどうなるかということである。(23)について、そうしてみると

(24) A raven is on the lawn.

となるが、これの日本語への翻訳は、

(25) カラスが芝生の上にいる。

となる。(3)と(25)を比べたときに第一に目に付く違いは、(3)で「は」が現れていた場所に、(25)で「が」が現れていることだろう。これは大事な違いだが、これはじつは、さらに大きな違いの現れにすぎない。

この違いとは、(25)が、ある特定の時と所で成り立つ事象について述べる文であるのに対して、(3)が、時と所に関係なしに、カラス一般がある性質をもつことを述べる文であるという違いである。しかも、この二つの種類の文が根本的に異なる構造をもつということは、日本語の文法の研究のなかでは、少なくとも江戸時代にまでさかのぼる歴史をもっている。

伝統的な見方によれば、日本語の文には、二つの基本類型がある。この視点のもとで書かれたすぐれた文法書である、小池清治『日本語はどんな言語か』では、一方は「叙述構文の文」、他方は「題説構文の文」と呼ばれている。同様の立場をとる益岡隆志『命題の文法』では、前者は「事象叙述文」、後者は「属性叙述文」と呼ばれている。ここでは、できるだけ簡潔な名称がほしいので、「事象文」と「属性文」と呼ぶことにしたい。

(25)は事象文であり、この文が使われるコンテキストによって決まる、ある特定の時と所で、ある事象、この場合は、特定もしくは不特定の、単数もしくは複数のカラスが芝生の上にいるという事象が成立していることを述べている。事象文の中心は、「述部」と呼ばれる、文の最後に来る部分、(25)の場合は「いる」である。それ以外の文の要素はすべて、「何が」いるのかとか、「どこに」いるのかといったことを述べることで、述部「いる」を補足するはたらきをする。事象文は、次の例が示すように、数量名詞や不定詞によって量化することができ、その結果も事象文になる。

(26)三羽のカラスが芝生の上にいる。
(27)ほとんど全部のカラスが芝生の上にいる。
(28)どのカラスも芝生の上にいる。

前章までで扱った文がすべて事象文であることは、そこで出されていた例によって確かめることができる。

日本語の文のもうひとつの基本類型である属性文は、カラスや椅子のような自然種や人工種、あるいは、田中さんや犬のヨッちゃんのような個体を主題として、それにある性質

を帰属させる。「属性文」という名称に合わせて、属性文によって帰属される性質を「属性」と呼ぶことにしよう。（3）は、カラスという自然種について、黒いという属性をもつことを述べている。個体を主題とした

（29）ヨッちゃんは弱虫だ。

も、ヨッちゃん（という犬）に、弱虫という属性を帰属させる文である。属性文の特徴は、事象文と異なり、文の中心が文の終わりではなく、始めにあることである。属性文では、何よりもまず、その文の主題が提示されなければならないからである。（3）の「カラスは」、（29）の「ヨッちゃんは」のように、主題は常に、「は」によって印付けられる。ひょっとすると、私が見落としている反例があるのかもしれないが、属性文の主題は、数量名詞や不定詞によって量化されることは不可能であるか、あるいは、量化された場合、属性文ではなくなる。

総称文の意味論にとってきわめて興味深いと思われるのは、日本語の総称文がすべて属性文に分類されるということである。英語に関しては、同じ文に関して、総称文であるとする解釈と、そうでないとする解釈の二つがあることが多い。たとえば、先に出てきた

（22）The raven is black.

で「the raven」は、カラスという自然種を指す場合もあれば、特定のカラスを指す場合もあり、前者ならば総称文だが、後者ならば違う。それに対して、日本語では、総称文は、それに特有の文型をもつゆえに、迷うことはふつうない。これは、英語圏での研究者からは、特異と思われるにちがいない。

属性文がすべて総称文であるわけではないことは、（29）のような文が示しているが、（3）のような総称文と、個体を主語に取る（29）とのあいだにいくつかの共通点があることも事実である。この二種類の文が、日本語では同じ文型に属するということは、総称文と（29）のような、個体に属性を帰属する文のあいだの関係を探る手がかりとなるだろう。

こうしたことすべては、次のような探究の可能性を示している。すなわち、事象文と属性文という区別は、たまたま日本語の場合きわめて明確である。しかし、同様の区別は、他の言語にも存在するとは考えられないだろうか。そして、そうした区別を背景にして、総称文の意味論を見直してみるという可能性である。

事象文の意味論

属性文の意味論について考える前に、もう一方の基本文型である事象文の意味論が現在どの程度わかっているのかについて、簡単にでも見ておく必要がある。

「事象」と呼ばれるもののなかには、「笑う」や「大声で笑う」のような動詞句が表す出来事と、「公園にいる」のような動詞句が表す状態との二種類がある。ここでは、出来事について述べている文を例に取ろう。

(30) 三人のこどもが公園に集まった。

この文の核となっているのは、「集まる」という動詞である。事象文は、特定の時と所で生じる出来事や成り立つ状態を報告するものであるから、(30) は、それが報告する出来事を、時間と空間のなかに位置付けなければならない。空間の中に位置付けることは、多くの場合、明示されず、文脈によって決定される。(30) だけを聞いたのでは、どんな場所の公園が問題になっているのかわからないだろうが、ふつうは、それが言われたコンテキストから推測がつくようになっている。それに対して、時間の中への位置付けは必ずなされる。それは、文によって述べられることが、その文が発話されるときよりも前なのか、同

時なのか、あるいは、後なのかを示す「時制」を、文が必ず備えていなければならないことからわかる。(30)で、「集まる」が「集まった」と過去形になっていることは、そこで報告される出来事が発話時よりも前のことであることを示している。

「集まる」が、この事象文の核である最大の理由は、その前に来る「三人のこどもが」と「公園に」の二つともが、この動詞を補足するものであることにある。「集まる」という動詞は、「だれが」と「どこに」を表す二つの項を要求する。何がその項になっているかがコンテキストによってわかっていれば、それはわざわざ言われる必要はないが、(30)では、その両方が明示的に表現されている。

「集まる」は、「急いで」のような副詞によって修飾されることもできる。また、受身や使役のような「態(ヴォイス)」や、出来事が始まるところなのか、進行中なのか、終わったのかを示す「時相(アスペクト)」を表す表現が付加されて、複雑な形をとることもできる。次はそうした例である。

(31) 三人のこどもが急いで公園に集められた。

事象文を構成している各要素は、「は」を使って、文頭にもってくることができる。これ

を「題目化」とか「有題化」と言う。(30)からは、次のような文ができる。

(32)三人のこどもは、公園に集まった。
(33)公園には、三人のこどもが集まった。
(34)集まったのは、三人のこどもが公園にだった。

(32)－(34)はいずれも、(31)と同じ事象文のままであって、文が伝えようとする内容、あるいは、情報をどのように構造化するかという「情報構造」が変化しただけで、意味上の変化はないと考える。情報構造という概念は耳慣れないかもしれないが、日本語と限らず、自然言語のはたらき方を理解するためには欠かせないものとして、言語に関連する分野では、これから耳にする機会も多くなるはずである。

事象文の意味論に関しては、行為を表す文の意味論にとって出来事という概念が必須であると論じた、アメリカの哲学者デイヴィドソンの論文「行為文の論理形式」以来、多くの研究があり、出来事や状態といった概念は現在、言語学においても分析道具として当たり前に使われている。

こうした分析手法が日本語において有効であることもわかっている。とりわけ、それは、

次の例文

（35）田中さんはしばらくロンドンに行かされていたらしいよ。

に見られるような、さまざまな助詞や助動詞を伴った動詞の分析に大きな力を発揮する。

事象文の意味論はどこまで一般化できるか

事象文の意味論が、このように発展を遂げた一方、事象文以外の文の意味論はどうだったろうか（事象文でも属性文でもない文が存在するかという問題については、ここでは触れないので、以下ではもっぱら属性文の意味論を問題にする）。事象文の意味論が必要であり、そのためには、人や物に加えて、出来事という種類の個体を認める必要があるというデイヴィドソンの議論は、

（36）さっちゃんが大声で笑った。

が正しければ、

（37）さっちゃんが笑った。

も正しいという事実を、どう説明するかという問題から出てきたものである。論理学の教科書風のやり方で、（36）は、「さっちゃん」という名前と「大声で笑った」という述語の組み合わせであり、さらに、「大声で笑った」は「大声で」と「笑った」から作られた複合的な述語であると考えても、（36）から（37）が帰結することの説明がつかないことが知られている。

そこでデイヴィドソンが提案したやり方は、出来事という種類の個体を認めることにして、（36）を

（38）さっちゃんが主体で、大声でという仕方でなされた、笑うという種類の出来事が存在する。

という具合に分析することであった。これからは、

(39) さっちゃんが主体で、笑うという種類の出来事が存在する。

(37)が論理的に出てくる。そして、(39)は、(37)と同一の真理条件をもつから、(36)から(37)が帰結することは説明できたことになる。

この議論でもっとも注目すべきなのは、デイヴィドソン以前には、単純に名前と述語だけからできていると思われていた(37)のような文が、(39)に見られるように、実際には、ある条件を満足する出来事が存在するという量化を含む、論理的に複雑な構造をもつ文であるとされたことである。

ここで当然出てくる考えは、こうしたことは事象文に限らないのではないかというものである。まず提案されたのは、(37)のような出来事を報告する事象文だけでなく、

(40) まあちゃんは公園にいた。

のような、状態を報告する事象文にも、同様の構造が隠されているということであった。動詞を述語とする文だけでなく、形容詞や名詞を述語とする文にも、同様の構造を仮定する必要がある。たとえば、

(41) みっちゃんは車の中で怒りっぽかった。

からは、(37)が(36)から帰結するのと同様に、

(42) みっちゃんは怒りっぽかった。

が帰結する。これは、(41)を、(37)と同様に分析すべきことを示している。ただし、この場合は、出来事ではなく、状態という種類の個体に訴える必要がある。

(41)も(42)も、ある特定の時と所での事象について述べている文であるから、属性文ではなく、事象文である。(40)-(42)で、「まあちゃんが」ではなく、「まあちゃんは」となっているのは、状態文の場合は、「が」の代わりに「は」を用いるのが、デフォルトだからである。(40)で、「公園に」を文頭にもってきて、

(43) 公園にまあちゃんはいた。

としてもよいから、(40)は属性文ではなく、事象文である。(41)についても同様のことが言える。

問題は、次の属性文についても、同様のことを考える必要はあるかということである。

(44)みっちゃんは怒りっぽい。

個体の属性文

先にも述べたように、属性文は、「は」で提示される主題と、それのもつ属性を述べる述部という二部構成になっている。主題は、「まあちゃん」や「このコンピュータ」のような個体を指す名前か、あるいは、「カラス」のような自然種、「水」のような物質、「コンピュータ」のような人工種、「日本人」のような社会種を指す名詞によって導入される。

まずは、個体を指す名前を主語とする属性文から考えよう。その例としては、(44)や、前に出てきた、犬のヨッちゃんについての

(29)ヨッちゃんは弱虫だ。

の他にも、次のような文がある。

(45)まあちゃんは泳ぎができる。
(46)しーちゃんは小学生だ。
(47)ヨッちゃんは犬だ。
(48)ソクラテスは哲学者だ。
(49)夏目漱石は『こころ』の作者だ。

個体を主題とする属性文に現れる属性は、一般に、その個体のもつ一時的で「偶然的」な性質ではなく、その個体を、ある仕方で特徴付ける性質でなければならない。ここに挙げた例を眺めると、個体を特徴付ける性質といっても、それには、さまざまなものがあることがわかる。

(29)の「弱虫だ」と(44)の「怒りっぽい」とは、ある種の状況に置かれたら特定の振舞をする傾向があることであり、一般に「性格」とか「人柄」といったものも、こうした種類のものである。他方、(45)の「泳ぎができる」も、これと似ているが、こちらは一般に「能力」に分類される。傾向と能力は、それが実際に発現されるとき、つまり、実際に

怒っていたり泳いでいたりするときと、存在するだけで発現されていないときの両方があるという点が共通している。どちらも、いったんそれが形成されたり、獲得されたりすると、比較的長い期間持続するが、失われることもあることは、次の文が示している。

(50) 田中さんは、むかし怒りっぽかったが、いまはおだやかだ。

この例を見ると、先の

(42) みっちゃんは怒りっぽかった。

は、そこでの議論のコンテキストでは、ある特定の時点での状態を表す事象文であったが、過去のある期間にみっちゃんがもっていた属性を表す属性文としても使えることがわかる。(46)の「小学生だ」は、現在のような社会のなかで人が成長する過程で、一時的ではあるが、ある程度長期にわたってもつ属性である。「若い」とか「年寄りだ」は、生物一般について言うことのできる、同様に、その生存のある特定の時期を特徴付ける属性である。「新しい」と「古い」は、もっと広く生物以外の個体についても言えるだろう。こうした属

性は、その属性をもつ者や物が一般に通過することになる時間的段階を表すゆえに、その個体を特徴付ける属性である。

「小学生だ」という属性は、単に自然的なものでなく、社会のあり方にも強く依存する属性である。実際のところ、人に関して、その人を特徴付ける属性として、現在の社会のなかでもっともひんぱんに用いられるのは、その人の職業や所属や肩書といったものだろう。人を紹介するときに多くの場合われわれは、次のような属性文を使う。

(51) 田中さんは、山田建設に勤めていらっしゃいます。

現在のように転職が珍しくない社会では、田中さんのこの属性は、田中さんの人生の中の短い期間でしかない場合もあるだろうが、それでも、数時間ということはまずなく、数年以上というのがふつうだろう。

属性文と時制

ここまで検討してきた属性はすべて、比較的長期にわたるものではあるが、個体が存在している期間のあいだに、それをもったりもたなかったりするものである。したがって、

こうした属性が現れる属性文のもつ時制が過去であるか非過去であるかによって、個体がその属性をもっていたのが過去のことなのか、それとも、現在なのかがわかる。

それに対して、(47)の「犬だ」は、この属性をもつものが存在している限り、それを失うことはできないという意味で、「本質的」と呼ばれる種類の属性であり、その主題となっているヨッちゃんが存在している、つまり、生きている全期間にわたって、失われることのない属性である。「犬だ」のように、ある自然種に属するという属性は一般に、こうした本質的属性である。「机」のような人工種に属すること、あるいは、「男」や「日本人」のような社会種に属することが、同様に本質的な属性になりうるかについては、当然のことながら、多くの議論がある。

最後の二つ、(48)の「哲学者だ」と(49)の「『こころ』の作者だ」は、興味深い例である。ソクラテスが哲学者にならなかったことは十分にありうるから、哲学者だという属性はソクラテスの本質的な属性ではない。また、ソクラテスが赤ん坊のときから、哲学者のような振る舞いをずっとしていたとは思えないから、ソクラテスが哲学者という属性をもつようになったのは、成長のある段階になってからだろう。プラトンの『パイドン』によれば、ソクラテスは死ぬまで哲学的活動をやめなかったが、哲学者として知られている人の中には、ニーチェのように、あるときから哲学的な活動をしなかった人もいる。しかし、

哲学的活動をやめたことで、哲学者という属性も失うのだろうか。ここは、異論もあるだろうが、ソクラテスもニーチェも、その一生を通じて、哲学者という属性をもっていたと、われわれは考えるのではないだろうか。

(49)についても似たことが言える。『こころ』を書かなくても、夏目漱石は夏目漱石であり続けただろうから、『こころ』の作者であることは、かれにとって本質的属性ではない。かれは『こころ』以外にも多くの小説を書いたし、『こころ』を書いていた期間も一年に満たない。しかし、『こころ』を書き上げた後も、さらには、『こころ』を書く前についても、夏目漱石は、『こころ』の作者という属性をもつとみなされるだろう。つまり、夏目漱石が『こころ』の作者であるという属性を獲得するのに必要であった期間は、かれの人生のなかでそれほど長い期間でなくとも、いったんこの属性が獲得されてしまうならば、それは、かれの人生の全体を通じて成り立つ属性となってしまう。

これら二つの例について、もうひとつ興味深いことは、その述部が「哲学者だ」および「『こころ』の作者だ」と非過去形になっていて、

(52)ソクラテスは哲学者だった。
(53)夏目漱石は『こころ』の作者だった。

のように過去形ではないことである。(52)や(53)も使われないことはないが、(48)や(49)よりも、使われるコンテキストを選ぶというのが私の印象である。

一般に、もはや存在しない個体について語る属性文は過去形になる。通夜や葬式の場で故人のことを話すのに、つい現在形になるのを過去形に訂正するということは、だれにも覚えがあるだろう。しかし、「人間である」のような本質的属性や、「哲学者」や「政治家」といった属性、さらには、「『こころ』の作者」のような属性については、過去の存在であっても、そうした属性を帰属するとき、過去形にする必要はない。

論理学の歴史におけるもっとも有名な推論

すべての人間はいつか死ぬ。
ソクラテスは人間である。
ゆえに、ソクラテスはいつか死ぬ。

の二番目の前提を見ればよい(結論も非過去形になっているのは、ひどく奇妙な感じを与えるが、これについては別のところで論じたので、いまは論じない)。つまり、個体にとって、その

本質および本質に準じる属性は、その個体がそうした属性をもっていた時点——人間であったり、哲学者として活動していた時点——に相対的なものではなく、個体が存在をやめた後も、その個体の属性とされ、それゆえ非過去形が用いられるのだろう。そして、この非過去形の「人間である」や「哲学者だ」は、その属性を時間のなかに位置付けるのではないゆえに、時制的な意味はもたないと考えられる。

同じことは、種名を主語とする属性文、つまり、総称文においても見られる。

(54) トリケラトプスは草食恐竜だ。
(55) トリケラトプスは草食恐竜だった。

という二つの文のどちらの方が自然だと感じられるかを、考えていただきたい。

属性文としての総称文

個体の属性文に現れる「人間である」、「哲学者だ」、「『こころ』の作者だ」といった述語は、いわば時間を超えた使われ方をしている。よって、ここに、特定の時と所を切り離すことのできない出来事や状態が隠されている余地はない。

個体の属性文に現れる他の述語は、このように完全に時間を超えることはないが、それが表す属性は、長期にわたって個体が持つ属性であり、そのあいだにどのような個別的な出来事が生じるかとか、どのような個別的な状態が成り立つかとは独立に、個体が持ち続ける属性である。こうした属性を個体に帰属する属性文にも、個別的な出来事や状態への言及は含まれない。

よって、どのような述語にも出来事や状態への言及が含まれているという主張は誤りであり、そうした言及を含む事象文からはっきり区別される文が存在する。個体に属性を帰属する属性文がそれである。まずは、このことを確認しておきたい。

個体の属性文を取り上げた理由は、それが、総称文の意味論を考えるためのヒントを与えてくれそうだということにある。個体の属性文に現れる属性は、その個体を特徴付ける属性であった。そうした属性が、その個体の時間的経歴、いわば、その歴史のうちの、どの部分を占めるかに関して、いくつかのパターンがあることを見た。個体のある属性が、その個体を特徴付けるものであるためには、こうしたパターンのどれかをそれが示す必要がある。

「人間である」のような本質的属性は、その個体の歴史の全体を通じて個体がもつものであるのに対して、ある時間的段階になって初めてもたれるような属性もあれば、獲得され

たり失われたりはするが、比較的長期間にわたってもたれる属性もある。あるいは、その属性を獲得するために必要な期間の長短を問わず、いったん獲得されれば、本質的属性と同様、その個体の全歴史、さらには、それを超えてまでもたれる属性もある。

そうすると、個体を特徴付ける属性が、個体の歴史のなかである特定の時間的輪郭をもつことが必要であるのと同様に、種を特徴付ける属性も、その種を構成するさまざまな個体を通じて、ある特定の分布をしているのではないかという考えが出てくるのは自然ではないだろうか。

本章でこれまでに取り上げた総称文のうちの三つをふたたび見てみよう。

(3) カラスは黒い。
(8) ペンギンは卵を産む。
(9) 蚊はデング熱を媒介する。

自分の足で歩けるとか、ことばを理解できるといった能力は、正常な個人の歴史のなかでは、それをもっている期間の方が、もっていない期間よりもずっと長いはずである。これと類比的に(3)を考えることができる。つまり、黒いという性質は、カラスという種

と多い。歩行能力とか言語能力をもつという属性が、個人を特徴付ける属性であったのと同様に、体色が黒いという属性が、カラスを特徴付ける属性であるのは、この理由によると考えるのである。

（8）に関しては、若いとか、小学生であるといった属性と類比的に考えることができる。この二つの属性は、ある時間的段階にいるときにのみ個人がもつ属性であるが、こうした時間的段階は、その個人が通過しなければならない段階であるゆえに、その個人を特徴付ける属性でもある。同様に、ペンギンである多数の個体のなかで、卵を産むという属性をもつ個体は、ある特定の範囲の個体だけであるが、この属性は、そうした個体を通じて、種ペンギンを特徴付ける属性になる。

最後に、（9）はどうだろうか。これは、（49）の「夏目漱石は『こころ』の作者だ」と類比的に考えたらどうかというのが、私の提案である。蚊の全体のなかで実際にデング熱を媒介する個体はごくわずかしかいない。しかし、それにもかかわらず、これが蚊を特徴付ける属性とみなされるのは、夏目漱石の人生のなかで『こころ』の作者になるためにかれが用いた期間は比較的短いものであるのに、この属性が夏目漱石個人を特徴付ける属性とみなされるようになったのと同様である。

どのような属性が、こうした準本質的な扱いを受けるのかは、われわれの関心に大きく依存する。さらに、それは、人によってもちがうかもしれない。ずっと昔の人の中には、夏目漱石（金之助）が小説家だとは知らず、「五高で自分が英語を習った先生」という属性だけで知っていて、準本質的な属性をもつような人物とは考えてもいなかったという人だっていたかもしれない。「デング熱を媒介する」が、蚊を特徴付ける属性とみなされることは、われわれ人間にとってデング熱が脅威であるからであり、それゆえ、明らかに、われわれの利害関心に基づく。

こうした類比は、まだアイデアの段階にとどまるものにすぎない。これが、総称文の意味論を作るのにどれだけ役立つかは、まだまったくの未知数である。しかし、総称文が自然種や人工種を特徴付けるための手段であるのと同様に、個体の属性文が個体を特徴付ける文であること、そして、日本語では、この二種類の文が、属性文という同一のクラスに属することは、両者のあいだの関係をさらに探究すべきことを示唆しているように、私には思われる。

日本語と論理学

現代の論理学をそれ以前の論理学から区別するもっとも重要な特徴は、それが、推論を

研究するための特別の言語を作り、そのなかで推論を研究することにある。もともとそれは数学のなかでの推論を研究するために作られたので、そこで必要でないことはいっさい無視された。それゆえ、日本語やその他の自然言語にくらべると、その表現力はきわめて弱い。そこでは、過去、現在、未来の区別も、また、必然か可能かといった区別も表現できない。論理的に区別されるべきことが区別できない言語を挙げろと言えば、論理学の言語がまっさきに挙がっても不思議ではない。

そうした欠点にもかかわらず、この「新しい」論理学が普及するに伴って、日本語や英語で表現される日常の推論を研究するのにも、この言語を使うことがふつうになった。そのためには、日常の推論を構成している日本語や英語の文を、論理学の言語の文に翻訳することが必要になる。表現力の違いのために、こうした翻訳が不完全なものにしかならないことは当然であり、それをちゃんとわきまえていた人もいたが、意外と多くの人が、それを論理学の言語の欠陥としてではなく、日本語や英語の「非論理性」のせいにした。このように考える論理学者、哲学者、言語学者は、さいわい、いまはいないが、類似の考えが完全に死に絶えたわけではなさそうである。

この間、論理学の言語も、まったく変化しなかったわけではなく、哲学や言語学や計算機科学での応用に伴い、その表現力を増してきた部分もある。可能性や必然性といった様

相や複数性を扱えるようにしたことがその例である。

論理学が、その言語の貧弱さにもかかわらず、自然言語の研究にとって重要であった理由は、貧弱な言語であっても、ひとつの言語を何もないところから作り上げることによって、言語というものがどのような仕組みではたらいているかを明確な形で見せてくれたことにある。量化という現象は、それが多くの推論のもとになるという点で、論理学にとって重要であるだけでなく、自然言語のさまざまな部分に一般的に見られるという点でも、哲学や言語学にとって重要である。

第4章で扱った、不定詞による量化は、論理学によって研究されてきた量化とよく似た仕組みで可能となっている。付値という考え方はまさに、論理学における量化の扱いの中核を成している。他方、第2章と第3章で扱った、数量名詞による量化は、これとはまったく異なる仕組みによる。数量名詞は、他の一般名詞や形容詞などと同様の述語であって、複数のものにだけあてはまるという点が違うといった考え方は、論理学の標準理論が取るものではない。

不定詞による量化と数量名詞による量化は、どちらも量化であり、組み合わせて使われるが、この二種類の量化ははっきり分けた方がよい。このことが明確に認識されることを妨げてきたのは、論理学の標準理論で扱われているようなものだけが量化表現であるとい

う先入観のせいではないかと、私は疑っている。

この章で扱った総称文のように、自然言語の語法のなかには、論理的な観点からみて十分に解明されていないものが、まだたくさんある。そのためには、論理学の理論そのものをさらに発展させる必要も出てくるかもしれない。

これはこれまで、さまざまな人々によって、何度も繰り返されてきたことであるが、もう一度繰り返しておこう。人が日常使っている言語のなかに非論理的な言語はなく、言語の非論理的な使用があるだけだ、と。

この章のまとめ

この章で述べたことの要点は次のようにまとめられる。

- 「すべてのカラスは黒い」という全称文と「カラスは黒い」という総称文とは区別しなければならない。全称文は例外を許さないが、総称文は許す。したがって、前者は偽だが、後者は真である。
- 総称文は、第2章から第4章で扱った種類の量化によっては説明できず、現在のと

ころ確立された理論はまだない。

- 総称文は悪用されやすいので、その使用には気をつけるべきである。
- 日本語には、事象文と属性文という二つの基本文型があり、総称文は常に属性文の形をとる。
- 持続的な性質を個体に帰属することによって、その個体を特徴付ける文は、種を特徴付ける総称文と同じく、属性文である。よって、この両者の関係を考察することは、総称文の意味論に寄与する可能性がある。
- 非論理的な言語はなく、言語の非論理的な使用があるだけである。

付録　様相的文脈の中の「三人のこども」

以下では、第2章の

(24) 三個のケーキを食べてよい。

(25) 三個のケーキを食べなければならない。

で説明することにしよう。この二つの文には、

(i) 三個のケーキを食べる。

という文が、様相的文脈に埋め込まれている。(24) は可能性タイプ、(25) は必然性タイプの文脈である。様相的でない文脈で「三個のケーキ」はちょうど三個のケーキを意味す

ると考えているのであるから、埋め込まれた文（i）が正しいための条件は、ちょうど三個のケーキを私が食べることである。

ちょうど三個のケーキを私が食べるということは、条件

（＋）その個数がnであるようなケーキを私は食べる。

を満足するようなnのうちで最大の数は3であると言い換えられる。

なぜこんな回りくどい言い換えをするのか不審に思われているだろうが、そのわけはもう少し先でわかる。ここでは、こうした言い換えが正しいことを確かめよう。

私がちょうど三個のケーキを食べると仮定する。この三個のケーキをa、b、cとする。私は、aを食べるから、私はその個数が1であるようなケーキを食べる。それゆえ、1は（＋）を満足するnのひとつである。同じ結論は、私がbを食べること、あるいは、cを食べることからも出てくる。私は、aとbも食べるから、2もまた、（＋）を満足するnのひとつである。先と同様に、同じ結論が、私がbとcを食べること、あるいは、aとcを食べることからも出てくる。最後に、私はaとbとcも食べるから、3も（＋）を満足するnのひとつである。a、b、cという三個のケーキ以外のケーキを私は食べないから、4

以上の数は（＋）を満足するnのなかに現れず、3が、（＋）を満足するnのうちで最大の数であることがわかる。

いま示したことの逆、つまり、条件（＋）を満足するnのうちで最大の数が3であるならば、私はちょうど三個のケーキを食べるということを示すのは簡単である。3は（＋）を満足するから、その個数が3であるようなケーキを私は食べる。また3が（＋）を満足するnのうちの最大であるならば、4以上の数は（＋）を満足しない。よって、私の食べるケーキの数は3である、つまり、私はちょうど三個のケーキを食べるということが言える。

必然性タイプの場合

さて、（i）が必然性タイプの文脈に埋め込まれた（25）の方から考えよう。（25）は二通りの仕方で解釈できる。ひとつは、ここで考慮の対象となる可能世界——義務論的に完全な世界——のどれにおいても、私が食べるケーキの個数の最大のものは3である、つまり、どの可能世界でも、私はちょうど三個のケーキを食べるというものである。もうひとつは、義務論的に完全な可能世界のすべてを通じて私が食べるケーキの個数の最大のものは3であるという解釈である。

これでは、二つの解釈がどう違うかは、きっとわからないだろう。この二つの解釈は、

次のように述べることができる。

（Ⅰ）どの可能世界でも、条件

（＋）その個数が n であるようなケーキを私は食べる。

を満たす n の最大値は3である。

（Ⅱ）条件

（＋＋）どの可能世界でも、その個数が n であるようなケーキを私は食べる。

を満たす n の最大値は3である。

可能世界のひとつひとつを考えて、そこで私が食べるケーキの数をみるのが、第一の解釈である。（Ⅰ）が正しければ、どの可能世界を見ても、「その個数が n であるようなケーキを私は食べる」という条件を満足する n は、1と2と3であり、3が最大である。（ⅰ）に関して説明したように、これは、私がちょうど三個のケーキを食べるということであるから、私はどの可能世界でもちょうど三個のケーキを食べるということになる。

それに対して、第二の解釈は、ひとつひとつの可能世界ではなく、すべての可能世界を

通じて共通する私の行動に着目する。私は、どの可能世界でもケーキを食べているだろうか、どの可能世界でもある数以上のケーキを食べているだろうかといったことに着目する。（II）によれば、1と2と3が「どの可能世界でも、その個数がnであるようなケーキを私は食べる」という条件を満足するから、私はどの可能世界でも三個のケーキを食べる。3がこうしたnのうちで最大のものだから、私がすべての可能世界で四個のケーキを食べることはない。つまり、私が四個のケーキを食べない可能世界がある。だが、このことは、私が四個のケーキを食べる別の可能世界があることを排除しない。私が四個のケーキを食べない可能世界と、四個のケーキを食べる可能世界の両方があって、まったくかまわないからである。同じことは、四以上のすべての数について成り立つ。（II）

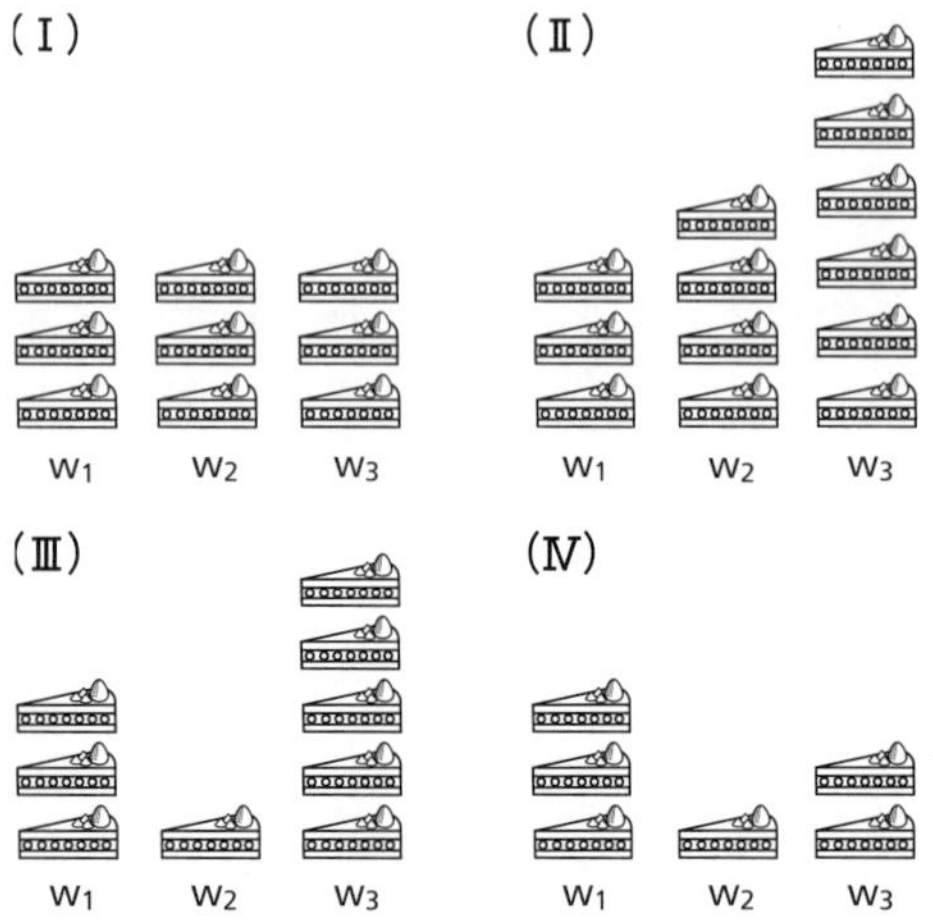

可能世界の解釈

が要求することは、すべての可能世界で、私が少なくとも三個のケーキを食べることだけである。

（I）と（II）がどう違うかは、図を見てもらうと、もう少しはっきりするだろう。義務論的に完全な世界は、w_1、w_2、w_3 の三つしかないとしよう（あるべきことがすべてそうであるような世界は、実現することがそれほどむずかしいと考えればよい）。この図では、各世界で私が食べるケーキが示されている。（I）が成り立つとき、どの可能世界でもケーキは三個である。他方、（II）が成り立つとき、どの可能世界でも三個以上のケーキがある。それは、3が、すべての可能世界で共通に私が食べるケーキの個数のなかで最大のものだからである。

（25）が（I）のように解釈されることは、ないわけではない。「ケーキを三個食べなさい」という命令が、「三個より多くても、三個より少なくてもだめだ」と補足される場合を考えればよい。（II）という解釈の方が、（I）よりも自然かどうかは、経験的データが必要だが、（25）を（II）のように解釈することに特別の困難が伴うことはない。

（I）と（II）の違いは、「どの可能世界でも」という句がどこに現れるかの違いである。実際、この二つは、

（Ⅰ′）どの可能世界でも、三個のケーキを私は食べる。
（Ⅱ′）三個のケーキを、どの可能世界でも私は食べる。

と言い直すこともできる。つまり、二つの異なる解釈を生み出しているのは、スコープの違い（第3章を参照）である。（Ⅰ）で「どの可能世界でも」のスコープは、文の全体に及ぶが、（Ⅱ）でそれは「私は食べる」という句の中に限られている。

可能性タイプの場合

可能性タイプの文脈をもつ（24）にもまた、スコープの違いに基づく二つの解釈がある。（25）と同じような書き方をすれば、次のようになる。ここでスコープの違いを生み出しているのは、「可能世界がある」という句がどこに現れるかである。

（Ⅲ）条件

（＋）その個数が n であるようなケーキを私は食べる。

を満たすｎの最大値が3であるような可能世界がある。

（Ⅳ）条件
（＋＋＋）その個数が n であるようなケーキを私が食べる可能世界がある。
を満たす n の最大値は3である。

（Ⅰ）と（Ⅱ）のときと同じように書き換えれば、
（Ⅲ）′どの可能世界かで、三個のケーキを私は食べる。
（Ⅳ）′三個のケーキを、どの可能世界かで私は食べる。

となるが、両者のあいだの違いを、これから読み取ることは、（Ⅰ）と（Ⅱ）の場合でも十分むずかしいのに、ここではほとんど不可能かもしれない。「三個のケーキを食べる」ということを、（＋）という条件を満足する最大の数が3であるという回りくどい言い方で表現しなければならなかったのは、こうした事情による。

（Ⅲ）は、ちょうど三個のケーキを私が食べる、義務論的に完全な世界が存在するという解釈である。この解釈は、そうした可能世界が少なくともひとつあると言うだけであって、他の世界については、何の制約も与えない。とりわけ、私が食べるケーキの個数には何の

制約も与えない。私がケーキをまったく食べない世界があるか、逆に百個食べる世界があるかについては、何も言わない。少なくともひとつ、私がちょうど三個のケーキを食べる可能世界があれば、他の可能世界がどうあろうがよい。したがって、この解釈が取られることはあまりないだろう。

採用されるのは、(IV)によって示される、もうひとつの解釈の方である。これは、可能世界のどれかで私が食べるケーキの個数は、最大で3であるという解釈である。今回問題なのは、すべての可能世界を通じて共通に私が何個のケーキを食べるかではなくて、ある個数のケーキを私が食べるような可能世界があるかである。(IV)が言うことは、可能世界の全体を見て、私が最大で何個のケーキを食べるかを見たとき、三個のケーキを食べる可能世界はあるが、四個以上のケーキを私が食べる可能世界はないということである。

これは、可能世界のどれかで私の食べるケーキの数は、1と2と3に限られることを意味する(私がまったくケーキを食べないような可能世界があってもよいから、ここにゼロを含めてもよい)。つまり、この解釈によれば、義務論的に完全な可能世界の中には、私がケーキを食べる世界もあれば、食べない世界もあるだろう、しかし、どれかの世界で私がケーキを食べるならば、その個数は3以下である、なぜならば、そうしたケーキは最大で三個だということを、(IV)は述べているからである。

(III)と(IV)についても図を見てもらうとよい。(III)が正しい場合は、ケーキがちょうど三個示されている可能世界がひとつでもあればよく、他の可能世界でのケーキの数は、これより少なくとも多くともよい。それに対して、(IV)が正しいためには、すべての可能世界でケーキは三個よりも少ないのでなければならない。なぜならば、3が、どこかの可能世界で私が食べるケーキの数のなかで最大のものだからである。

マクロな言語理解とミクロな言語理解

いま述べたような説明は、アメリカの言語学者クリス・ケネディが二〇一五年に発表した論文の中にあるものである。「三人のこども」が、それが現れる文脈の違いによって、「ちょうど三人のこども」、「三人以上のこども」、「三人以下のこども」のいずれを意味することもできる、その仕組みを解き明かしたものとして、私の知る限り最上のものである。しかし、その説明は控えめに言っても、なかなか込み入っている。しかも、こうした説明が見つかったのはごく最近のことである。

それにもかかわらず、「三個のケーキ」が、(24)では「三個以下のケーキ」を意味し、(25)では「三個以上のケーキ」を意味することは、こどもでもすぐにわかる。この事実は、人間の言語理解というものが、どういうものであるかを考える際の重要な材料となる

だろう。実際、ここで与えた説明――それがどれだけわかりやすくなっているのか、私にはまだ自信がもてない――に至るまで重ねた試行錯誤の経験に関して私がもった感想は、人間の言語理解の性格というこの問題と無関係とは思えない。

それは、言語理解には、いわばマクロとミクロという二つのレベルがあるのではないかという感想である。マクロな言語理解とは、その言語の話し手が、話し手である限りで手に入れることのできる理解である。ある言い方を、よりわかりやすい言い方に変えるとか、別の言葉で説明するといったときに発揮されるのが、この種の理解である。それに対して、ミクロな言語理解とは、話し手が話し手である限りで手に入れることのできるものではない。それは、理論とそれを支えるデータをもつことによって初めて手に入れることのできる理解である。言語の話し手が難なく使いこなしている語法が、なぜその意味をもつのかを、その同じ語法を用いずに説明することがむずかしい場合、こうしたミクロな言語理解が必要となるのではないだろうか。

こうしたとき、人が頼ることができるのは、その意味を人工的に指定できるような理論的な補助言語である。論理学が、自然言語の意味論に寄与したことのひとつは、それがこうした言語を提供したことにある。(24)と(25)での「三個のケーキ」の意味の違いは、論理学の言語からの語法を使うことによって、論点先取にならない形で説明することがで

きる。「三個のケーキを食べる」という文の、(+)を用いた回りくどい言い方は、論理学の言語から借用した語法を、もう一度、むりやり日本語に直そうとしたものである。

ただし、ミクロな言語理解は、マクロなレベルに現れないわけではない。たとえば、上で(I)と(II)という形で述べたミクロなレベルでの違いは、(I′)と(II′)の違いとして現れている。しかし、これをマクロなレベルの違いとして認識することがむずかしいことは、先に述べた通りである。

あとがき

今となっては結構昔のこととなってしまったが、主に大学の一年生を対象として、論理学を教えていたことがある。論理学の授業というのは、哲学の授業とは違って、大体において、何が正しく何がまちがっているかがはっきりしているので、教える側としては、精神的にずいぶん楽だった。教わる側としても楽だったろうと思いたいところだが、学生にとって授業が楽かどうかは、これとは別の要因で決まるから、たぶん違っていただろう。

ただ「大体において」というのがみそで、学期のうちで数回は、こうはいかないときがある。数学の証明のようなものだけを例に取ればよかったのかもしれないが、別に数学専攻の学生のための授業ではないし、それ以上に、論理学は、もっと日常的な推論の分析にも役立つと宣伝したいという気持ちもあって、論理学の記号で表された式が、日本語のどのような文の表現になっているのかといったことを説明しようとするのだが、これがいけない。

とくに往生したのが、「∀」とか「∃」といった記号で表される量化を含む式の説明である。とりあえず「すべての」とか「ある」とか読めばよいと言ってお茶を濁《にご》すのだが、聞いている学生が納得していないことがよくわかるので、つい余計なことを言って、さらに学生を混乱させることになる。日本語での量化とはどういうものかがよくわかっていれば、それと、論理学の記号で表される量化との間で、何が同じで、何が違うかを説明できるはずである。だが、日本語と限らず、自然言語の量化というのは複雑で、説明できるほど私がわかっているはずもない。毎年決まって、このことを痛感させられる時期が来るのが憂《ゆう》鬱《うつ》だったと記憶している。

こうした授業をしていた一方で、私は、現代の言語哲学への入門書というのを書いていて、その中で、ラッセルの記述理論を説明することが必要だった。本文でも触れたように、ラッセルの言う「記述」とは、英語の定冠詞で始まる単数もしくは複数の名詞句のことである。この意味での記述の説明を日本語でするということになると当然、それにあたる日本語の表現があるのかという問いに答えなければならない。さらに、記述の理論が最初に現れたラッセルの論文が扱っているのは、二種類の記述にとどまらず、英語の量化表現一般である。ここからも、日本語での量化とは何なのかという問いに答える必要が出てくる。

日本語における量化について、いつかきちんと考えてみようと思うようになったのは、

だいたい、こうした経緯だっただろう。実際にそのことに取り掛かったのは、二十年ほど前のことである。

本書は、この間に何がわかったと現在私が考えるかを述べてみたものである。もちろん、わかっていないことは、まだいろいろあるし、わかったと私が思っているだけで、結局考え直す必要が出てくることも、たくさんあるだろう。だが、どんなに暫定的なものであっても、本書のようなまとめを作ることで、それをきっかけに、日本語と論理に関してさらに考えてみたいという人が出てくるようなことがあれば、本書も、まったくの無駄ではないだろう。

日本語における量化というテーマに関連して、私が直接あるいは間接に教わった人は数多い。とくに、可算・不可算の区別と分類辞とをテーマとして、東京とソウルで開催された数度のワークショップは、私にとって何よりも貴重な機会であった。ひとりひとりお名前を挙げることはしないが、参加者のみなさんに心から感謝する。

もう二十年以上もやっていることであるが、自分の年もわきまえず、それを「まとめる」のはまだずっと先だろうと考えていた。それが、私自身の意識としては中間報告的なものであっても、また、新書という意外な形態であろうとも、ひとつの形を取ることができた

のは、本書の出版を引き受けていただいたNHK出版編集部の大場旦氏と山北健司氏のおかげである。とりわけ、山北氏には、本書の原稿を数度にわたって丁寧に点検していただいたことに感謝する。どのように努力しても、思わぬ間違いや、誤解を招く箇所は残るものだが、山北氏のおかげがなかったならば、いま実際にあるよりもずっと多くの間違いや誤解を招く箇所を本書は含んでいたはずである。

また、峯島宏次氏には、本書の草稿に関して多くの興味深いコメントを寄せていただいたことに感謝する。そのわずかしか本文に反映させることはできなかったが、まだ考えるべきことがたっぷり残されていることを改めて自覚させられたとともに、興味深い展開の可能性がまだまだあることを知って、おおいに力づけられた。

二〇一九年八月十三日

飯田　隆

参照文献

第1章

志賀直哉「国語問題」『志賀直哉全集 第7巻 早春の旅 灰色の月』一九九九年、岩波書店。

飯田 隆「言語と存在――存在文の意味論」『西洋精神史における言語観の諸相』（二〇〇二年、慶應義塾大学言語文化研究所、慶應義塾大学出版局）所収。

Takashi Iida. "Japanese semantics and the mass/count distinction" in Chungmin Lee, Young-Wha Kim & Byeong-Uk Yi (eds.), *Numeral Classifier and Classifier Languages: Korean, Japanese, and Chinese.* forthcoming, Routledge.

飯田 隆「真理」『事典 哲学の木』（二〇〇二年、講談社）所収。

ポール・グライス『論理と会話』清塚邦彦訳、一九九八年、勁草書房。

飯田朝子『数え方の辞典』二〇〇四年、小学館。

Kimiko Nakanishi & Satoshi Tomioka, "Japanese plurals are exceptional" *Journal of East Asian Linguistics* 13 (2004) 113-140.

飯田 隆「複数論理と日本語意味論」西日本哲学会（編）『哲学の挑戦』（二〇一二年、春風社）所収。

第2章

益岡隆志・田窪行則『基礎日本語文法——改訂版』一九九二年、くろしお出版。

Kimiko Nakanishi, "The syntax and semantics of floating numeral quantifiers" in Shigeru Miyagawa & Mamoru Saito (eds.), *The Oxford Handbook of Japanese Grammar*, 2008, Oxford University Press. pp. 287-319.

Christopher Kennedy, "A 'de-Fregean' semantics (and neo-Gricean pragmatics) for modified and nonmodified numerals." *Semantics & Pragmatics* 8 (2015) Article 10: 1-44.

第3章

バートランド・ラッセル『数理哲学序説』平野智治訳、一九五四年、岩波文庫。

Chris Barker, *Possessive Descriptions*. 1995, CSLI Publications.

Takashi Iida, "Two accounts of Japanese numerals"『慶應義塾大学言語文化研究所紀要』第48号（二〇一七年）三三—五九頁。

第4章

金水敏・田窪行則（編）『日本語研究資料集【第1期第7巻】指示詞』一九九二年、ひつじ書房。

沼田善子『日本語文法セルフ・マスターシリーズ5「も」「だけ」「さえ」など——とりたて』一九九二年、くろしお出版。

Junko Shimoyama, "Indeterminate phrase quantification in Japanese" *Natural Language Semantics* 14 (2006) 139–173.

Jeroen Groenendijk and Martin Stokhof, "Type-shifting rules and the semantics of interrogatives" in G. Chierchia, R. Turner, and B. Partee (eds.), *Properties, Types and Meaning, vol. 2: Semantic Issues*, 1989, Kluwer, pp. 21–68.

James Higginbotham, "Interrogatives" in K. Hale and S. J. Keyser (eds.), *The View from Building 20*, 1993, The MIT Press, pp. 195–227.

James Higginbotham, "The semantics of questions" in S. Lappin (ed.), *The Handbook of Contemporary Semantic Theory*. 1996, Blackwell, pp. 361–383.

第5章

飯田 隆「量化と受身」『哲学雑誌』第七九五号（二〇〇八年）一九―四三頁。

James Thurber, "What a lovely generalization!" *The New Yorker*, March 26, 1949.

Daniel Wodak, Sarah-Jane Leslie and Marjorie Rhodes, "What a loaded generalization: generics and social cognition" *Philosophy Compass* 10 (2015) 625–635.

和泉悠「総称文とセクシャルハラスメント」『哲学』六九号（二〇一八）三二―四三頁。

Sarah-Jane Leslie and Susan A. Gelman, "Quantified statements are recalled as generics: Evidence from preschool children and adults" *Cognitive Psychology* 64 (2012) 186–214.

Bernhard Nickel, "Genericity" in Bob Hale, Crispin Wright and Alexander Miller (eds.), *A Companion to the Philosophy of Language*, Second Edition, 2017, John Wiley & Sons.
小池清治『日本語はどんな言語か』一九九四年、ちくま新書。
益岡隆志『命題の文法』一九八七年、くろしお出版。
Donald Davidson, "The logical form of action sentences" In Nicholas Rescher (ed.), *The Logic of Decision and Action*. University of Pittsburgh Press (1967).
Regine Eckardt, *Adverbs, Events and Other Things. Issues in the Semantics of Manner Adverbs*. Linguistischen Arbeiten 379, 2013, Tübingen: Niemeyer.
飯田　隆「三段論法と死（思想の言葉）」『思想』第一〇九二号、二〇一五年四月号。

索　引

飯田 隆 いいだ・たかし
1948年、北海道生まれ。
主に言語と論理にかかわる問題を扱ってきた哲学者。
東京大学大学院人文科学研究科博士課程退学。
熊本大学、千葉大学、慶應義塾大学、日本大学で教え、
科学基礎論学会理事長と日本哲学会会長を務めた。
慶應義塾大学名誉教授。
著書に『言語哲学大全』I–IV(勁草書房)、『ウィトゲンシュタイン』(講談社)、
『規則と意味のパラドックス』『新哲学対話』(筑摩書房)、
編著に『ウィトゲンシュタイン読本』(法政大学出版局)など多数。

NHK出版新書 600

日本語と論理
哲学者、その謎に挑む

2019年9月10日　第1刷発行

著者　飯田 隆
発行者　森永公紀
発行所　NHK出版
〒150-8081 東京都渋谷区宇田川町41-1
電話 (0570) 002-247 (編集) (0570) 000-321(注文)
http://www.nhk-book.co.jp (ホームページ)
振替 00110-1-49701

ブックデザイン　albireo
印刷　新藤慶昌堂・近代美術
製本　藤田製本

Printed in Japan ISBN978-4-14-088600-7 C0210

NHK出版新書好評既刊

NHK出版新書好評既刊

薩摩の密偵 桐野利秋
「人斬り半次郎」の真実
桐野作人
幕府と雄藩の間で繰り広げられた情報戦とは？ 西南戦争開戦の本当の理由とは？ 激動の時代に暗躍した謎に満ちた男の実像に迫る、初の本格評伝。
564

サバイバル英会話
「話せるアタマ」を最速でつくる
関 正生
今まで誰も教えてくれなかった「スモールトーク」の具体的な作法と万能のテクニックを1冊に凝縮！ 大人気カリスマ講師による新書・第3弾。
565

ルポ 中年フリーター
「働けない働き盛り」の貧困
小林美希
この国で増加の一途を辿る中年フリーター。なぜ彼らは好景気にも見放されてしまったのか？ 当事者取材から「見えざる貧困」の実態を描く。
566

すべての医療は「不確実」である
康永秀生
がん治療をはじめ医療をめぐる情報は氾濫するばかり。惑わされないために、医療統計のプロが〝科学的根拠〟を手掛かりに秘訣を伝授する！
567

習近平と米中衝突
「中華帝国」2021年の野望
近藤大介
貿易戦争から技術覇権、南シナ海まで。激しく対立する米中関係の行方を長期取材で読み解く！「アジア新皇帝」習近平の世界戦略に鋭く迫る一冊。
568

マルクス・ガブリエル 欲望の時代を哲学する
丸山俊一
＋NHK「欲望の時代の哲学」制作班
若き天才哲学者の密着ドキュメント番組を書籍化。哲学の使命とは何か？ 日本の「壁」とは何か？ 平易な言葉で「戦後史」から「日本」まで語りつくす！
569

NHK出版新書好評既刊

手帳と日本人
私たちはいつから予定を管理してきたか
舘神龍彦
旧日本軍の「軍隊手牒」から現代の奇怪な「スピリチュアル系手帳」まで。知られざる手帳の歴史から、日本人の時間感覚や仕事観を解き明かす！
570

「AI資本主義」は人類を救えるか
文明史から読みとく
中谷巌
人類誕生から資本主義勃興にいたる広大な歴史をふまえ、AI登場によって劇的な転換を遂げる人類と世界の未来を展望する。
571

大乗仏教
ブッダの教えはどこへ向かうのか
佐々木閑
「自己鍛錬」を目的にした釈迦の教えは、いつ、どこで、なぜ、「衆生救済」を目的とする大乗仏教に変わったか？「対話」から大乗仏教の本質に迫る。
572

フロムに学ぶ「愛する」ための心理学
鈴木晶
愛は、誰もが生まれながらに持っているものではなく、学ぶべきものだ。ベストセラー『愛するということ』の翻訳者が、フロム心理学の奥義を極める。
573

キャッシュレス覇権戦争
岩田昭男
日本で吹き荒れるキャッシュレスの大嵐。300兆円消費市場を誰が制するか？「信用格差社会」をいかに生き抜けばよいか？現金消滅時代の正体！
574

世界史を「移民」で読み解く
玉木俊明
文明の興亡、産業革命と列強の覇権争い、ヨーロッパ難民危機……。「人の流れ」はいかに歴史を変えたのか!? 経済史研究の俊英が明快に説く！
575

NHK出版新書好評既刊

学校では教えてくれない!
英文法の新常識
鈴木希明
「学校英文法」の世界は、時代と共に大きく変化している! 多くの人が高校時代に習った古い情報と比べながら読み解く、目からウロコの現代英文法。
576

さまよう遺骨
日本の「弔い」が消えていく
NHK取材班
遺骨・墓問題に翻弄される人々の声を広範かつ丹念にすくい上げたNHK取材班が、「無縁化」する社会における弔いの最近事情をリポートする。
578

なぜ大谷翔平はメジャーを沸かせるのか
ロバート・ホワイティング
大谷が花開いたのは先達の苦闘があったからだ。愛憎のエピソードを軽妙に描きながら「大谷現象」とその背景を解き明かす、唯一無比の野球論!
579

自閉症という知性
池上英子
「普通」って何だ? 世界の「見え方・感じ方」が異なる自閉症当事者たちを訪ね、「症状」という視点からは理解できない、驚くべき知性を明らかにする。
580

おとなの教養2
私たちはいま、どこにいるのか?
池上 彰
AIからキャッシュレス社会、日本国憲法まで。歴史や経済、政治学の教養をベースに、わかりやすい解説で問題のみなもとにまで迫る第2弾!
581

宅地崩壊
なぜ都市で土砂災害が起こるのか
釜井俊孝
豪雨や地震による都市域での土砂災害は、天災なのか? 戦後の「持ち家政策」の背景と宅地工法を辿り、現代の宅地の危機を浮き彫りにする!
582

NHK出版新書好評既刊

腐敗と格差の中国史
岡本隆司
なぜ党幹部や政府役人の汚職がやまないのか？ なぜ共産主義国で貧富の差が拡大するのか？ 実力派歴史家が超大国を蝕む「病理」の淵源に迫る！
583

富士山はどうしてそこにあるのか
地形から見る日本列島史
山崎晴雄
関東平野はなぜ広い？ リアス海岸はどうしてできる？ 富士山が「不二の山」の理由とは。足下に広がる大地の歴史を地形から読む。
584

55歳からの時間管理術
「折り返し後」の生き方のコツ
齋藤 孝
いよいよ「人生後半戦」に突入した50代半ば。気がつくと〝暇〟な時間が増えてきた。ついに手に入れた自由な時間を、いかに活用すればよいか？
585

人体 神秘の巨大ネットワーク
臓器たちは語り合う
丸山優二
NHKスペシャル「人体」取材班
生命科学の最先端への取材成果を基に、従来の人体観を覆す科学ノンフィクション。大反響を呼んだNHKスペシャル「人体」8番組を1冊で読む！
587

コケはなぜに美しい
大石善隆
岩や樹木になぜ生える？「苔のむすまで」はどれくらい？ 静寂と風情をつくるコケの健気な生き方を、200点以上のカラー写真とともに味わう。
588

米中ハイテク覇権のゆくえ
NHKスペシャル取材班
情報・金融・AIなどのハイテク分野で、アメリカの覇権を揺るがし始めている中国。日本の命運を左右する、二つの超大国の競争の真実に迫る。
589

NHK出版新書好評既刊